Zen und Mystik

Bei Lotus-Press ist von Klemens Speer außerdem lieferbar:

Zen und Kontemplation -
Sitzen in Stille als geistiger Übungs- und Lebensweg
Taijiquan und Qigong -
Meditation in Bewegung als Übungs- und Lebensweg
Taijiquan und Qigong -
Jeder Schritt im Dao zeigt den Sinn
Taijiquan und Qigong -
Vom Lernen und Lehren eines Übungs- und Lebenswegs
Spiritualität -
Die Übungswege als Motor der Entwicklung

Klemens J.P. Speer (Hrsg.)

Zen und Mystik

Sitzen in Stille im Stil des Zen -
Übung und Alltag

von James Henry Ringrose

LOTUS PRESS

Das vorliegende Buch ist sorgfältig erarbeitet worden. Dennoch erfolgen alle Angaben ohne Gewähr. Weder Autor noch Verlag können für eventuelle Nachteile oder Schäden, die aus den im Buch gemachten praktischen oder theoretischen Hinweisen resultieren, Haftung übernehmen.

Klemens J.P. Speer (Hrsg.)

James Henry Ringrose
Zen und Mystik: Sitzen in Stille im Stil des Zen - Übung und Alltag

Copyright © 2017 by LOTUS-PRESS
Zerhusener Str. 31a
49393 Lohne
Germany

www.lotus-press.com

All rights reserved.

Satz: Andreas Seebeck

Alle Rechte, insbesondere das Recht der Vervielfältigung jeglicher Art, auch durch elektronische Medien und die Übersetzung in andere Sprachen, sind vorbehalten. Keine Reproduktion – auch nicht teilweise – ohne Zustimmung des Verlages. Alle Rechte liegen direkt bei den Autoren, für James Henry Ringrose bei Monika Becker.

ISBN-13: 978-3-945430-74-3

Übersicht

Vorwort des Herausgebers Klemens J.P. Speer

Hans – Fragmente seines Lebens - von Monika Becker

Ein Inverview mit Hans Ringrose - von Klemens J. P. Speer

Anmerkungen des Herausgebers zum Aufbau und zu den Inhalten der Textvorlagen

Einleitung des Herausgebers: Bewusstseinszustände und Meditation

Teil I: Die Ochsenbilder

Teil II: Franziskus und sein Sonnengesang

Teil III: Die Spiritualität des Vincent van Gogh

Teil IV: Einführungen in die Meditationsabende

Danksagung des Herausgebers

Vita Klemens J.P. Speer

Vita Monika Becker

Zitatennachweis

Allgemeines Literaturverzeichnis

In Erinnerung an
James Henry (Hans) Ringrose

1913 - 2004

Inhalt

Vorwort des Herausgebers Klemens J.P. Speer..................10

Hans – Fragmente seines Lebens - von Monika Becker...........14

Ein Inverview mit Hans Ringrose - von Klemens J. P. Speer 23

Anmerkungen des Herausgebers zum Aufbau und Inhalt der
Textvorlagen 33
    Anmerkungen zum Aufbau.................................33
    Anmerkungen zu den Inhalten............................34

Einleitung des Herausgebers: Bewusstseinszustände und Meditation..37

Teil I: Die Ochsenbilder..................................41
    Gedanken zu den Ochsenbildern..........................44
    Ochsenbilder eins und zwei.............................47
    1. Vortrag zu den ersten beiden Ochsenbildern..........49
    Ochsenbilder drei - sechs..............................52
    2. Vortrag zu den Ochsenbildern drei - sechs...........56
    Ochsenbilder sieben - zehn.............................60
    3. Vortrag zu den Ochsenbildern sieben - zehn..........64
    4. Vortrag: Was können wir von den Ochsenbildern lernen..67
    Buchempfehlungen.......................................71

Teil II: Franziskus und sein Sonnengesang.................72
    Begrüßung..72
    Lebensdaten des Franz von Assisi.......................79
    Sonnengesang des heiligen Franziskus - Loblied auf die
    Schöpfung..82
    1. Vortrag: Vorbemerkungen zum Sonnengesang............83
    2. Vortrag: Die Strophen des Sonnengesangs und ihre Bedeutung..86

3. Vortrag: zum Verständnis des Sonnengesangs...................88
4. Vortrag: Jeder habe seinen Franziskus im Geist und im Herzen...............97
Abschiedsgruß...............100
Sonnengesang - italienischer Text...............101
Franziskus in Lateinamerika...............103
Sonnengebet...............106
Buchempfehlungen...............117

Teil III: Die Spiritualität des Vincent van Gogh...............119

Leben und Werk des Malers...............119
Gedanken zum Verständnis seiner Bilder...............123
Bildinterpretation: Der Sämann...............130
Bildinterpretation: Die Sternennacht...............130

Teil IV: Einführungen in die Meditationsabende...............132

Vierundzwanzig Vorträge aus den Jahren 1994 -1996........132
Die letzten elf Vorträge aus dem Jahr 1997...............191

Danksagung des Herausgebers...............213

Vita Klemens J.P. Speer...............214

Vita Monika Becker...............215

Zitatennachweis...............216

Allgemeines Literaturverzeichnis...............223

Auch von Klemens J.P. Speer...............225

Auch von Lotus-Press...............232

Vorwort des Herausgebers Klemens J.P. Speer

Als ich 1994 das erste Mal meinem Zen-Lehrer James Henry (Hans) Ringrose begegnete, war ich 45 Jahre alt. Bevor ich 1989 begann, regelmäßig wöchentlich T'ai Chi zu unterrichten, hatte ich schon sieben Jahre Erfahrung mit Vipassana-Meditation bei einem Lehrer in Osnabrück gesammelt. Mit Beginn der eigenen Unterrichtstätigkeit habe ich das Üben von Vipassana aufgegeben. Zu der T'ai Chi-Praxis meines damaligen T'ai Chi-Lehrers, den ich nur an Wochenend- oder Wochenseminaren besuchen konnte, gehörte seit 1985 ebenfalls das regelmäßige Sitzen im Stil des Zen. Neben den fließenden Bewegungen im T'ai Chi praktizierten wir morgens, mittags und abends das stille Sitzen. Um das eigene Sitzen, in einer wöchentlichen Gruppe, wieder aufzugreifen und zu vertiefen, suchte ich nach einer Möglichkeit vor Ort. Ich hatte erfahren, dass das Üben mich innerlich sehr stärkte und mein T'ai Chi vertiefte, da ich gleichzeitig noch viele Jahre bei meinen T'ai Chi-Lehrer Unterricht genommen habe.

Ich war also auf der Suche nach einer Begleitung durch einen spirituellen Lehrer. So stieß ich mit viel Glück auf Hans (er wollte von seinen Schülern schlicht Hans genannt werden), der direkt vor Ort - und auch noch ganz in der räumlichen Nähe zu meiner Wohnung - eine zweiwöchentlich stattfindende Meditationsgruppe anbot. Seine Art, das zweimalig 25 Minuten dauernde Sitzen an einem Abend, unterbrochen durch meditatives Gehen, mit sehr persönlichen Vorträgen zu begleiten, sprach mich spontan sehr an.

Hans wurde im Laufe der Zeit für mich zum geistigen Vater, der mir neben seinem Unterricht auch für Einzelgespräche in seinen privaten Räumen zur Verfügung stand. Zu der Zeit steckte ich persönlich in einer Lebenskrise. Der Unterricht für meine damaligen zwei, drei wöchentlichen T'ai Chi-Gruppen gab mir zwar innerlich viel Halt und die eigene T'ai Chi-Praxis stabilisierte mich sehr, jedoch war ich beruflich sehr verunsichert, meine junge Ehe war gescheitert und ich lebte allein. Es gab zwar einige gute Freunde, aber eine stabile Zweierbeziehung, die ich mir sehr wünschte, gab es nicht, und meine berufliche Existenz war sehr unsicher. Innerlich hatte ich meinen Lebenssinn und meine Lebensaufgabe noch nicht gefunden.

Zu dieser Zeit und in diesen Jahren der Unsicherheit stand Hans mir, immer wenn ich ihn benötigte, zu vielen Einzelgesprächen zur Verfügung. Es war also nicht nur die sehr einfühlsame Qualität seiner Begleitung, die mir immer wieder den Blick öffnete zu einer weiteren nach innen und außen gerichteten Perspektive, sondern es war auch das „Kostenlose" seiner Begleitung, die es mir ermöglichte, seine Unterstützung anzunehmen. Das war für mich persönlich eine sehr große Hilfe, zumal die Begleitung durch Hans nicht nur eine spirituelle, sondern auch eine psychologische war, da er viel Erfahrung in der psychologischen und pädagogischen Begleitung von jungen Menschen hatte. Zudem war ich ab diesem Zeitpunkt regelmäßiger Schüler in seiner alle zwei Wochen stattfindenden Sitzgruppe.

Wohl auf Grund meiner Nahtod-Erfahrung im Alter von ca. 20 Jahren war mir die Wichtigkeit der Meditation, schon spontan bei der Begegnung mit meinem Vipassana-Lehrer, bewusst geworden, der mich als erster in das stille Sitzen eingeführt hatte. Damals steckte ich noch mitten in einer Gestalt-Therapie, die ich jedoch abbrechen musste, da mein persönliches Befinden immer schlechter wurde. Der Gestalt-Therapeut hatte keinen Zugang zur Meditation und der Vipassana-Lehrer keinen Zugang zur Psychotherapie. Hans war in beiden Richtungen sehr erfahren und daher zu diesem Zeitpunkt genau der richtige Lehrer und Begleiter für mich.

Zudem erhielt Hans seine Lehrer-Bestätigung von Karlfried Graf Dürckheim und bezog seinen Unterricht oft auf ihn. Dürckheim war Professor für Psychologie, hatte langjährige Zen-Erfahrung aus Japan mit nach Deutschland gebracht und selbst tiefe spirituelle Erfahrungen gemacht. Die damals sehr aktuellen Bücher von Dürckheim sprachen mich sehr an, insbesondere das Buch „Der Alltag als Übung", auf das sich auch Hans oft bezog. So stimmte also die Chemie zwischen Hans und mir sehr gut. Das trug wesentlich dazu bei, dass es mir gut gelang, ihm und seiner Begleitung zu vertrauen. Auch wenn nicht jedes einzelne Gespräch immer von großer Bedeutung für mich war, so waren meine Gespräche mit ihm immer wieder sehr hilfreich, unterstützend und erhellend und haben meinem eigenen Weg mehr und mehr eine sichere Grundlage gegeben.

Ich habe von 1994 bis 1997 regelmäßig in der Meditationsgruppe von Hans das Sitzen praktiziert und er hat mich bis ins hohe Alter in vielen Einzelgesprächen begleitet. Auch später hatten wir bis zu seinem Tod im Alter von 91 Jahren (2004) in vielen freundschaftlichen Gesprächen weiterhin Kontakt miteinander. Noch wenige Tage vor seinem Tod habe ich mich sehr persönlich, in vollem Bewusstsein, dass dies unser letztes Gespräch sein wird, von ihm verabschiedet und er hat mir, mit vor Freude glühendem und strahlendem Gesicht, viel Glück für meinen Weg gewünscht.

Monika Becker, seine Weggefährtin, hatte diese letzte Begegnung noch einmal ermöglicht, um die ich ihn gebeten hatte, nachdem sich Hans eigentlich schon bei einem vorherigen Treffen endgültig von mir verabschiedet hatte.

Hans wirkte in Bezug auf seine körperliche Verfassung - ich lernte ihn ja erst mit über 80 Jahren kennen - sanft, beweglich, stark und zerbrechlich zugleich. Er war noch in guter Verfassung, ein schlanker und nicht sehr großer Mann. Seine letzte Zen-Gruppe umfasste ca. 25 bis 30 Personen, von denen in der Regel 15 bis 20 an einem Abend anwesend waren. Monika Becker, seine Weggefährtin begleitete ihn bei den Sitzrunden und leitete die einführenden entspannenden Körperübungen auf der Grundlage der Eutonie nach Gerda Alexander. Monika hat sehr dazu beigetragen, dass er bis ins hohe Alter seine Zen-Gruppe weiter führen konnte. Ich empfinde gegenüber der persönlichen und authentischen Stärke von Hans ein ganz großes und herzliches Gefühl von Dankbarkeit! Ohne Hans wäre ich ganz sicher nicht dort, wo ich heute in meiner inneren Entwicklung bin.

Dies ist auch die Motivation für mich, nachdem ich nun schon selbst über zwanzig Jahre eine wöchentliche Zen-Gruppe leite und zudem schon damals von Hans eine Bestätigung erhielt, selbst Zen-Gruppen zu leiten, mich noch einmal intensiv mit seinen Texten und seiner Anleitung auseinanderzusetzen. Da ich nun selbst schon im Rentenalter bin, nehme ich mir ganz bewusst die Zeit, mich nochmal seiner Arbeit zuzuwenden. Auch in der Begleitung meiner Schülerinnen und Schüler wird es immer wichtiger, psychische Arbeit mit spiritueller Arbeit zu verbinden. Seine Texte und Vorträge sind wahre Schätze, die drohen, ganz verloren zu gehen, wenn sie nicht, wenigstens zum Teil an dieser Stelle veröffentlicht werden und damit erhalten bleiben.

Hans war ein sehr belesener Mann. Er las und sprach seine beiden Muttersprachen Holländisch und Indonesisch, da er in beiden Ländern aufgewachsen war, und zudem Englisch und Deutsch. Leider hatte er nie selbst den Impuls, seine Texte und Vorträge zu veröffentlichen.

Zudem gehört Hans Ringrose zu den Pionieren, die neben Graf Dürckheim erkannt haben, dass Psychotherapie und Spiritualität, Schattenarbeit und stille Meditation zwei wichtige Pfeiler für eine evolutionäre Spiritualität sind, die dem Menschen und der Menschheit heute so sehr fehlt! (Siehe hierzu auch im Literaturverzeichnis: Stanislav Grof, Ken Wilber, Christian Meyer, u.a.)

Hans – Fragmente seines Lebens - von Monika Becker

Auf einer Erinnerungsreise mit Hans in den Vielvölkerstaat Indonesien lernte ich schrittweise verstehen, was für ihn Heimat bedeutet und die Verwurzelung in einem Land, das nur zeitweise seine räumliche Heimat sein kann.

James Henry Ringrose wird am 22. Februar 1913 in Sukabumi/Java geboren und wächst dort und später in Ngawi, Poerworedjo und Kebumen mit drei jüngeren Geschwistern bei seinen Eltern auf. Ein Leben in verschiedenen Welten, wie er selbst sagt.

Der Vater, Direktor einer Bank, hat - wie damals viele eingereiste Niederländer - eine koloniale Haltung gegenüber der indonesischen Bevölkerung.

Die Mutter, indonesisch/holländisch, eröffnet den Kindern Zugang zu den Menschen ihrer Umgebung und so werden sie vertraut mit Mentalität, Kultur und Lebensweise ihrer indonesischen Nachbarn. Das prägt Hans sehr.

Gamalan Musik, Wayang Schatten- und Puppenspiele, die überall muslimisch- religiöse Präsenz, die sichtbare Armut – dies alles ist fremd, verwirrend und für einen neugierigen, aufnahmebereiten und sensiblen Jungen wie Hans faszinierend.

Er erzählte mir, dass er in der Nacht stundenlang der Musik in den Kampongs gelauscht hat und den Wayang Spielen gefolgt ist, welche die geheimnisvollen Mythen des Volkes erzählen.

Auf diese Weise ist Hans schon früh mit verschiedenen Kulturen und Lebensweisen vertraut und ich glaube, dass dort der Ursprung für sein weites Herz und seine Toleranz zu finden ist.

In dieser frühen Zeit muss er wohl auch seinen neuen Namen bekommen haben: Der Großvater, so sagt Hans, habe ihn auf den Schoß genommen und gesagt: „Du bist der Hans!"

Mit 12 Jahren wird Hans zum Studium nach Holland geschickt.

In Oosterbeek wohnt er in einer Schülerpension bei „Tante Jet" und besucht die Oberschule in Arnheim.

Das Studium der Geschichte, Sozialgeographie und kultureller Anthropologie absolviert er an der Universität in Utrecht, tropische Ökonomie und indonesische Sprache in Leiden.

Danach wird er zum Militärdienst in Leiden verpflichtet.In dieser Zeit, also von 1925 – 1938, lebt er ohne seine Familie in Holland. Hans selbst spricht von einer „sehr turbulenten Zeit und großer Einsamkeit, von Identitätskrise, Sinnsuche und Angst vor der Zukunft".

In Tony de Ridder begegnet ihm eine Frau, die das Interesse an Religion und Spiritualität in ihm weckt und ihn auf seinem Weg begleitet. Sie muss großen Einfluss auf Hans gehabt haben, denn er spricht noch oft von ihrer lebendigen, kreativen, provozierenden und extravaganten Art zu leben und zu glauben. Jedenfalls ist sie ihm eine große Stütze und gibt ihm Selbstvertrauen und Mut für die Zukunft.

Trotzdem bleibt die Einsamkeit sein Begleiter und führt ihn in dunkle Stunden und Selbstzweifel.

Beim Tennisspielen lernt Hans Let van Tonderen, seine spätere Frau, kennen und lieben.
Im Juni 1938 geht er nach Indonesien zurück und nimmt in Malang in der Bank seines Vaters die Arbeit als wissenschaftlicher Mitarbeiter auf. Das kann nicht gut gehen!
Durch sein Studium fachlich kompetent und sensibilisiert für die Bedürfnisse der Menschen will er z.B. durch Kleinkredite Existenzgründungen ermöglichen und der Bevölkerung helfen, sich eine gesicherte Zukunft aufzubauen. Diese Haltung aber verträgt sich nicht mit den wirtschaftlich ausgerichteten Interessen seines Vaters. Er muss gehen.
Das hat Auswirkung auf seine Beziehung zur Mutter, die zwischen ihm und dem Vater steht.
Diesen Schmerz trägt Hans sehr lange in seinem Herzen und er verstärkt seine Einsamkeit.
Let kommt im Oktober 1938 nach, sie heiraten, leben nun in Yog-

jakarta und bekommen ihr erstes Kind Iet. Hans ist nun Lehrer an der Oberschule.

Für mich war es sehr eindrucksvoll, spannend und auch lustig, Schülerinnen und Schüler aus dieser Zeit kennenzulernen und die Achtung und „Verehrung" zu spüren, die sie ihm liebevoll entgegenbrachten. Eine Anekdote: Die Schülerinnen versteckten sich hinter der Schulmauer, um Hans zu sehen, wenn er - damals ganz unüblich in kurzen Hosen – mit dem Kinderwagen unterwegs war und nannten ihn heimlich Adonis.

Das Leben bleibt nicht lange unbeschwert.

Let erkrankt an Tuberkulose und verbringt eine lange Zeit in einem Sanatorium in Malang.

Und die politische Situation eskaliert. Indonesien als holländische Kolonie wird von Japan eingenommen.

Hans kommt zunächst in ein Internierungslager in Madjalaya und von März 1941 bis August 1945 ist er in einem japanischen Straf- und Arbeitslager. Seine Frau und seine Tochter werden in ein Frauenlager in Batu gebracht.

Im August 1945 Entlassung und „sehr gefährliche Strapazen bei der Suche nach Let und Iet".

Sie überleben, ebenfalls seine Schwester Meta und sein Bruder Max. Seine Eltern und sein Bruder Dolf sind im Lager gestorben.

Über diese Zeit und seine Erfahrungen spricht Hans selten; einen kleinen Einblick gibt das Interview mit Klemens Speer.

Entlassung und 10 Tage Freiheit!

Aber die indonesische Unabhängigkeitsbewegung entfacht den Krieg zwischen Holland und Indonesien und als Folge muss Hans nach 10 Tagen Freiheit wieder ins Gefängnis und seine Familie wieder ins Lager Batu/Malang.

Erst im Juni 1946 kann Hans mit seiner Familie mit dem Schiff nach Holland ausreisen.

Oegstgeest – hier lebt die Familie von Juli 1946 – 1955. Renske und Jaap werden geboren. Hans lehrt an der Montessorischule in Rotterdam und Den Haag und publiziert didaktische Modelle für den Geschichtsunterricht.

Eine neue Didaktik, nicht dem Lehrplan, sondern dem Lernen und Lernverhalten der Schülerinnen und Schülern verpflichtet, das ist Hans Vision.

Aber auch jetzt ist der Familie kein Leben im ruhigen Fahrwasser zugedacht.

Erneut bricht bei Let die Tuberkulose aus, sie stirbt im Juni 1954.

In den letzten Stunden vor ihrem Tod wird Let eine tiefe Glaubenserfahrung geschenkt.

Sie lässt Hans daran teilnehmen, mehr noch: Er soll es weitersagen:

„Geef mij je hand en luister nu goed.
God bestaat! God bestaat, nu weet ik het. Ik ben vrij, ik kan mij overgeven.
Zul je het aan iedereen zeggen: God bestaat!
En dan is alles goed. En God zal voor jullie zorgen."

„Gib mir deine Hand und höre mir gut zu.
Gott besteht. Gott besteht, nun weiß ich es. Ich bin frei, ich kann mich übergeben.
Das sollst du jedem anderen sagen: Gott besteht!
Und dann ist alles gut. Gott soll für euch sorgen".

Diese Erfahrung verändert seine Beziehung zu Gott, Er wird zum Du.

Hans hat Let sehr geliebt, sie ist Teil seines Lebens bis zu seinem eigenen Sterben.

Ihr Tod und die Sorge um die Kinder bringen ihn erneut in eine von Trauer, Schmerz und Sorge geprägte Lebensphase.

Hans ist 41 Jahre alt, Iet 14, Renske 5 und Jaap 3.

Er heiratet Miek Milatz, die Freundin seiner Frau.

Weitere Stationen seines Lebens und Wirkens:

Dozent für Didaktik an der Universität Utrecht, Rektor eines Lyzeums in Velp,
einjähriger Amerikaaufenthalt zum Studium einer neuen Didaktik.
Umzug nach Bilthoven, wo er nun als Lehrer arbeitet und seine kreative Unterrichtsführung- und gestaltung etabliert.

Aber er ist unruhig, getrieben und auf der Suche nach seinem Platz. Es muss noch etwas anderes geben. Die Suche führt ihn nach Groningen, wo er zunächst in einer psychiatrischen Klinik arbeitet und mit neuen Erfahrungen an die Universität Groningen wechselt. Dort entwickelt er ein psychotherapeutisches Konzept zur Behandlung von Studenten und gründet ein Zentrum für Studientherapie. Die Arbeit mit jungen Menschen begeistert ihn und es erfüllt ihn mit tiefer Freude, ihre Lebenswege mit allen Höhen und Tiefen zu begleiten.

Ein nächster Meilenstein in Hans Leben ist die Begegnung mit Graf Dürckheim im Jahr 1966. Hier findet er Nahrung für seinen Hunger „nach dem Wesentlichen".

Kurse bei japanischen Zen Meistern, Gespräche mit Graf Dürckheim, Pater Lassalle, Pater Johnston und in den letzten Jahren mit Johannes Bours beantworten viele seiner Fragen und schenken ihm tiefe spirituelle Erfahrungen. Er spürt etwas vom wesentlichen Leben und lässt sich darauf ein.

Nach der Pensionierung 1976 geht Hans mit seiner Frau Miek nach Arnheim.
Von dort aus entwickelt sich die Kursarbeit. Bald gibt es Meditationskurse und Gruppen in Arnheim, Nymwegen, Kevelaer, Bad Boll, Bochum, Karlsruhe und Dietfurt.
Mit großem Engagement, fundiertem Wissen und Erfahrung begleiten Hans und Miek die Gruppen und viele einzelne Teilnehmer.
Wie Hans Zen- Meditation und Mystik versteht, modifiziert und übt macht er im Interview mit Klemens Speer deutlich.

Hans ist sein Leben lang ein Denker, Sucher, Zweifler und Übender.
Wenn er aber etwas als richtig erkannt hat, geht er dem nach, lässt

nicht los und ist bereit für neue Schritte und Wege. Das macht sein lebendiger, in verschiedenen Lebens- und Aufgabenfeldern verorteter Lebenslauf deutlich.

Ich habe ihn im Januar 1973 bei einem Meditationskurs mit Graf Dürckheim und Pater Massa in St. Augustin kennen gelernt.
„Dein Blick im Augenblick hat mich bewegt", sagt Hans.
Er wird mein Lehrer, Begleiter und Freund.
In den folgenden Jahren reift in ihm der Entschluss, sein Leben noch einmal neu auszurichten. Dieser Entscheidung geht eine tiefe existenzielle Krise voraus. Hans ist hin- und hergerissen zwischen seinem Wunsch nach einer Neuorientierung und seiner Verantwortung für das Bestehende.

Er folgt seiner inneren Stimme und kommt 1987 nach Osnabrück.
Uns verbindet eine tiefe, liebevolle Freundschaft.
Einfach aber gestaltet sich das Leben nicht.

Hans liest viel, arbeitet an Publikationen und führt eine ausgeprägte Korrespondenz. Wenn ihm ein Buch gefällt (oder auch nicht), nimmt er mit dem Verfasser Kontakt auf und häufig entsteht ein reger Schriftwechsel. Einige Male führt das auch zu Begegnungen und sogar zur Freundschaft.
Ich arbeite damals noch als Referentin bei einem internationalen Missionswerk und bin viel unterwegs, sowohl im Ausland als auch in Norddeutschland.
Mit diesen unterschiedlichen Schwerpunkten lassen wir uns auf eine Wohngemeinschaft ein. Bei zwei eigenwilligen Menschen mit sehr verschiedener Biographie und Sozialisation ist das ein spannendes Unternehmen. Heute kommt es mir wie ein Abenteuer vor – aber ein gelungenes.
Es ist die Sprache – wir finden eine eigene, von vielen holländischen und indonesischen Vokabeln durchsetzt.
Es ist die Lebensart – Hans sehr maßvoll, diszipliniert, ernsthaft, zurückgezogen. Ich bin eine echte Rheinländerin.
Es ist der Glaube – Hans ist gläubig, aber ohne konfessionelle Bin-

dung. Ich bin auch gläubig, aber – damals noch – richtig katholisch.
  Wir lernen viel voneinander, ergänzen uns und finden (nicht immer ohne Gewitter und nicht immer sofort) Lösungen, mit denen wir beide einverstanden sind.
  Es ist Wertschätzung und Achtung, Offenheit und Zuneigung, die unsere Freundschaft trägt und lebendig hält.

Bereits im Herbst 1987 beginnt Hans im Wohnzimmer mit fünf jungen Menschen zu meditieren. Daraus entsteht die Osnabrücker Meditationsgruppe, die bis 1998 von Hans geleitet wird.
  Es ist seine weise, authentische, einfühlsame Art der Leitung und Begleitung, die von den Meditierenden geschätzt wird. Für viele von ihnen wird er zum Begleiter auf ihrem persönlichen Weg.

Wenn ich zurückschaue, hat Hans in dieser Zeit sein Zuhause gefunden und seine mit dem Gefühl der Heimatlosigkeit verbundene Einsamkeit etwas überwunden.

Bis zu seinem 85. Lebensjahr ist Hans in sehr guter körperlicher Verfassung. Dann beginnen die zunächst kleinen, dann auch größeren durch das Alter bedingten Einschränkungen.
  Vor allem das Gehen fällt ihm schwer und bereitet ihm zunehmend Schmerzen.
  Das belastet ihn sehr. Er wandert doch so gern an der Hase, im Zittertal vor allem in den Schweizer Bergen.
  Der Radius, den er mit seinem Rollator erreichen kann, wird immer kleiner. Also schenke ich ihm zu seinem 87. Geburtstag einen Rollstuhl. Das ist für uns beide eine richtig gute Entscheidung. Jetzt können wir wieder am kulturellen Leben teilhaben und „wandern". Mehr noch: Der Urlaub im Berner Oberland bekommt ganz neue Akzente. Wir suchen „rollstuhlfähige" Höhenwege, lernen das Bugsieren in der Gondel, fahren durch Wiesen und Felder und haben ganz viel Spaß dabei. Wenn ich nicht mehr schieben kann, muss Hans aussteigen und ein Stück gehen.

Die altersbedingte Einschränkung lässt uns sehr erfinderisch werden, die Begrenzung setzt Kreativität frei.

Viel Freude bereiten ihm die Besuche seiner Kinder. Es ist ein offener, herzlicher Kontakt mit intensiven Gesprächen über ihre Situation, den Lebenssinn, Spiritualität. Auch die Enkel und Urenkel kommen gern zu Besuch, sie lieben seinen Humor, sein Lachen und seine tiefgründigen Grapjes. Hans wirkt meistens ernst, aber in ihm leben Heiterkeit und ein wunderbarer Humor – man muss ihn nur hervorlocken.

Ein Gespräch mit Hans geht immer über das Alltägliche hinaus. Seine Anmerkungen, vor allem seine Fragen berühren etwas im Gegenüber. Man spürt Wertschätzung, fühlt sich angenommen und eingeladen.

Eine Freundin sagte mir mal: „Am meisten vermisse ich seine Fragen, sie haben mich immer zum „Grund" geführt."

Irgendwann nehmen die Beschwerden des Alters zu: Hans kann nicht mehr gut lesen und schreiben, Gespräche und Kontakte lassen ihn rasch ermüden. Doch sein Geist bleibt wach und stark. Die tägliche Meditation gibt ihm Kraft, das Altwerden anzunehmen.

Es gibt aber auch depressive Phasen: „Altwerden ist schwer. Manchmal erfahre ich mich nutzlos. Was kann ich noch sein und geben?"

Diese Zeiten sind schwer auszuhalten.

Woher kommen die dunklen, lähmenden Gedanken?

Schon in frühen Jahren muss Hans sich anstrengen; etwas erreichen, leisten, um dem Anspruch seines Vaters zu genügen. In den Jahren in Holland als Schüler und Student ebenso.

Um Anstrengung und Leistung geht es auch in der Gemeinde der Remonstranten, zu der er bis zu seiner Rückkehr nach Indonesien gehört. Seine Lebensumstände, privat und beruflich, fordern ihn auch immer wieder heraus, Krisen zu bestehen, etwas Neues zu schaffen und das Leben zu meistern.

Selbst in der Meditation „muss" man etwas tun, nämlich üben.

Gerade in der buddhistischen Tradition und im Zen steht das Bemühen des Einzelnen im Fokus.

Jetzt aber, in der Situation des Alters und der Gebrechlichkeit erfährt Hans, dass er nichts mehr leisten kann. Er kann „nur" da sein.

Es geht um das Sein, um das „nackte Sein", wie er sagt.

Diese teils auch schmerzlich durchlebte Erfahrung führt ihn zum Herzstück der christlichen Spiritualität:

„Wir sind geliebte Söhne und Töchter Gottes. Wir dürfen der unendlichen Liebe Gottes vertrauen, die uns geschenkt wird und die wir nicht verdienen müssen."

Hans „weiß" das natürlich, aber jetzt hat er es erfahren. Es ist ihm gelungen, sich darauf einzulassen, sich lieben zu lassen, bedingungslos.

Er brauchte nichts mehr zu tun – er durfte sein.

Diese befreiende Erfahrung gewährt ihm bis zu seinem Tod eine demütig dankbare Haltung von Bejahung und Liebe zum Leben.

Im Sommer 2004 ahnt Hans, ahnen wir beide, dass das Sterben nahe ist.

Wir haben oft davon gesprochen und den Abschied in unser Leben mit hinein genommen.

In den letzten drei Wochen seines Lebens habe ich Urlaub. An jedem Tag des sonnigen Herbstes sind wir unterwegs im Nettetal, am Rubbenbruchsee, im Zittertal, der Holter Schweiz. Hans liebt Spazierfahrten in der Natur – mit dem Rollstuhl und dem Auto.

Es ist noch einmal eine gute, innige, erfüllte Zeit.

An meinem letzten freien Tag bekommt Hans eine heftige Lungenentzündung.

Drei Tage später, am 22. September 2004, stirbt Hans zu Hause, so wie er es sich gewünscht hat.

Ein Inverview mit Hans Ringrose - von Klemens J. P. Speer

Vorbemerkung des Herausgebers:

Mein Interview mit Hans entstand 1996 und wurde damals im „Dao-Magazin - für fernöstliche Lebenskunst" (3/1997) veröffentlicht. Es stand in einer Reihe von weiteren Interviews mit Stanislav Grof (Vater der Transpersonalen Psychologie) und Wolfgang Kopp (Zen-Meister aus Wiesbaden) und Interview-Anfragen an Pir Vilayat Inayat Kahn und meine T'ai Chi-Lehrer Petra und Toyo Kobayschi. Die letzten beiden Interviews kamen leider nicht zustande. Alle zusammen waren damals meine Lehrer. Auch mein Interview mit Wolfgang Kopp wurde damals im Dao-Magazin veröffentlicht. Im Großen und Ganzen habe ich allen Interviewten die gleichen Fragen gestellt bzw. stellen wollen, die mich damals interessierten: Welche Antworten haben meine Lehrer auf die brennenden Fragen an die persönlich und gesellschaftlich erforderliche Entwicklung, wenn der einzelne Mensch und die menschliche Gesellschaft als Ganzes an ihren fundamentalen Krisen (Krieg, Profit- und Machtgier, Ausbeutung der Umwelt, Sinnlosigkeit, usw.) herauswachsen möchte? Zweifelsohne sind die Antworten von Hans sehr überzeugend und zudem sehr persönlich und authentisch geprägt.

Das Interview:

Frage: Klemens
Hans, Deine Schüler kennen und schätzen Dich als weisen Zen-Lehrer, wissen aber wenig über Dein Leben. Wo bist Du aufgewachsen und wo hast Du gelebt, bevor Du 1987 nach Osnabrück gezogen bist?

Antwort: Hans
Mein Leben hat sich hauptsächlich abgespielt in zwei Kontinenten (Asien, Europa) und drei Ländern (Indonesien, Holland, Deutschland). In Indonesien bin ich geboren (1913) und aufgewachsen und

später als Jung-Erwachsener war ich dort berufstätig (wissenschaftliche Forschung, Lehrer am Gymnasium), und ich erlebte hier den 2. Weltkrieg mit fast 4 Jahren japanischem KZ und ein Jahr in einer indonesischen Gefängnis-Zelle; in Holland besuchte ich das Gymnasium in Arnheim und war Student an der Universität in Utrecht und Leyden (resp. Sozial- Geografie und Geschichte und Indonesische Anthropologie und Sprache). Nach dem Krieg kehrte ich mit meiner kranken Frau und ältesten Tochter nach Holland zurück, wo ich Gymnasialehrer wurde und später Rektor eines von mir gegründeten Lyceums. Danach war ich Studientherapeut an der Groninger Universtät und Direktor eines ebenfalls von mir ins Leben gerufenem Zentrum für Studientherapie. Seit 1987 lebe ich in Osnabrück, ich bin Pensionär und fühle mich hier in Deutschland glücklich und bin dankbar, dass mir dieses Alter geschenkt wird.

Frage:
Viele Zen-Meister leben als Mönche. Nach meinem Wissen warst Du verheiratet. Welche Rolle spielte und spielt das Thema Partnerschaft und Beziehung in Deinem Leben?

Antwort:
Ich war zweimal verheiratet, und bin jetzt seit acht Jahren getrennt. Meine erste Frau starb jung (1954); aus dieser Ehe stammen drei Kinder, zwei Töchter und ein Sohn. Sie leben in Holland. Wenn die Beziehung zwischen Mann und Frau offen ist, kann die Partnerschaft reich und stimulierend sein und den Weg bahnen zueinander, aber auch zu sich selbst. Gerade durch die Unterschiede der beiden Partner kann man das Wesentliche ineinander entdecken. Wenn die Beziehung nicht offen ist, nicht. So habe ich Partnerschaft erfahren.

Frage:
Hans, Du bist 83 Jahre alt. Deine Schüler hängen sehr an Dir und hoffen, dass Du noch lange unterrichtest. Wie schaffst Du es, in Deinem Alter Deine Lehrtätigkeit noch regelmäßig auszuüben?

Antwort:
Erstens: Ich bin, glaube ich, ein geborener Pädagoge, ich habe immer

mit großem Spaß unterrichtet, und auch in der Psychotherapie und der Meditationsbegleitung steckt eine Menge Pädagogik, sei es manchmal 'verborgen'. Ich glaube, dass auch ein angeborenes Maßhalten beigetragen hat. Also ich glaube: Was man gerne tut, das hält jung. Was für mich auch immer eine Anregung war (und ist), das ist, dass die Gruppe, die ich unterrichte oder begleite, soviel zurückgibt. Es gibt auch den Aspekt der Verantwortung: das weiterzugeben, was mir selber viel gegeben hat. - Und, ja, der liebe Gott hat mir ein langes Leben beschert und dadurch Fehler zu machen, die ich versuchen konnte wieder gutzumachen; ich genieße eine durchschnittlich gute Gesundheit (die ich wohl pflege).

Frage:
Ich glaube, Du warst etwa 50 Jahre alt, als Du zum Zen gekommen bist. Was war für Dich der Anlass oder der Anstoß, Dich mit Zen auseinanderzusetzen?

Antwort:
Anlass zur Meditation war für mich: eine Antwort zu suchen auf die existentielle Frage, warum das irdische Leben so kurz und vergänglich ist und oft so traurig. Durch einige schwere persönliche Krisen, durch große Enttäuschungen wurden sozusagen die Tatsachen unter meine Nase gedrückt. Ein Büchlein von Graf Dürckheim wurde mein "eye-opener" (Der Alltag als Übung). Was in diesem Buch stand, sprach mich unmittelbar tief an, wie auch der Titel. Auch die Schriften von Meister Eckhart haben mich immer stark angesprochen.

Frage:
Du hast mir erzählt, dass Du in japanischer Kriegsgefangenschaft warst. Kannst Du uns etwas über die Zeit des Krieges erzählen und wie Du ihn erlebt und überlebt hast?

Antwort:
Das japanische KZ war schrecklich, nicht nur wegen der Behandlung (Misshandlung), sondern weil die Zukunft aussichtslos schien; im Anfang hatten die Japaner große Kriegserfolge, und später, als es ihnen schlecht ging, war die Gefahr, aus Wut erschossen zu werden,

groß. Andererseits: Ich lernte 'unsichtbar' zu leben, nicht aufzufallen, ohne mich zu drücken, wenn es darauf ankam; mehrmals habe ich wichtige Entwürfe für die Zukunft (falls wir das Glück hätten zu überleben) heimlich versteckt. Das war lebensgefährlich, aber die Kombination mit meiner Bedeutungslosigkeit hat mich wahrscheinlich gerettet; man suchte nicht bei mir.

Hiroshima hat mein Leben gerettet: Ich wurde beim Schmuggel von Esswaren erwischt und sollte streng bestraft werden - persönlich von dem berüchtigten japanischen KZ-Kommandanten. Er stand da vor mir mit aufgehobenem Schwert. Er schlug mit einem lauten Schrei zu, ich erwartete den Schlag, der meinen Kopf spalten würde. Wenige Zentimeter über meinem Kopf hielt er plötzlich inne. Die Strafe war vorbei. Ich lebte.

Nach der Bombe auf Hiroshima war der Befehl angeordnet, dass Kriegsgefangene nicht mehr auf die übliche Art und Weise bestraft werden dürften. -

Eine bemerkenswerte Erfahrung dieser Kriegsgefangenschaft war für mich, dass ich den Mitmenschen und auch mich selber kennenlernte in seiner 'Nacktheit', seinen Schwächen und seinen Stärken, quer durch Rang und Stand hindurch. Es gab auch interessante Aspekte, besonders als Bücher verboten wurden, und wir nun selber 'Buch' wurden und Vorträge hielten über Themen, die oft faszinierend waren (Astronomie, Musik, Romane, Gedichte; ich gab sicher 20mal Vorlesungen über die französische und russische Revolution), hat uns dies immer ermuntert. Eine Ironie meines Schicksals ist, dass ich später ausgerechnet mit Japan zu tun hatte (Zen-Meditation), aber erst nachdem ich von meinem Hass gegen Japan befreit wurde, als mir ein Japaner anvertraute, wie er Hiroshima erlebt hatte.

Frage:
Nach meinem Wissen hast Du bei verschiedenen Lehrern gelernt. Wer waren Deine Lehrer und in welcher Tradition unterrichtest Du, oder hast Du eine eigene Richtung/Schule begründet?

Antwort:
Mein erster und wichtigster Lehrer war Graf Dürckheim in Rütte; er

lehrte Zen größtenteils in der japanischen Zen-Tradition, obschon er auch einige Ergänzungen im westlichen Sinne machte. Dadurch bekam ich später seine Zustimmung, als ich einige ziemlich eingreifende Modifikationen machte. Ich war oft in Rütte; nachdem ich ein bisschen erfahren war, wagte ich Sesshins bei P. Lassalle, P. William Johnston und bei japanischen Zen-Meistern. Die Lehrbestätigung bekam ich von Graf Dürckheim.

Frage:
Zen im Osten wird oft mit sehr viel Strenge unterrichtet. Deine Schüler kennen Dich als einen sehr sanften und liebenswürdigen Lehrer, der seine Schüler mit sehr viel Geduld über Jahre in ihrem Üben durch Gespräche begleitet. Das ist ganz anders als wir Zen aus der östlichen Tradition kennen. Warum hast Du diesen Weg gewählt?

Antwort:
Die Modifikationen beruhen auf dem Grundgedanken, dass Zen in West-Europa in einem ganz anderen kulturellen Kontext geübt wird als in Japan. Das habe ich auch in Japan selber wahrgenommen. Bei uns wird das sogenannte "Ich" stark unterstrichen (mit allen positiven und negativen Folgen); es müsste daher in der Übung Gelegenheit und Zeit eingebaut werden, um diese Seite der Person zu behandeln. Ein anderes Thema ist die Art der Leitung, die im fernen Osten ziemlich autoritär ist und im Westen nicht wenige Widerstände wecken kann. Ich bevorzuge eine mehr demokratische Einstellung des Lehrers, ein zusammen Suchen. Und ich unterstreiche die Selbstverantwortung und akzentuiere weniger die Autorität der traditionellen Zen-Meister. Einiges typisch Japanische habe ich gestrichen. Also, alles zusammengenommen: eine Art umgekehrte Inkulturation. Mein Stil scheint sanfter, fordert aber andererseits stärker die persönliche Verantwortung.

Frage:
Du hast hier in Osnabrück Deine Unterrichtstätigkeit auf eine vierzehntägig stattfindenden Gruppe beschränkt. Du hast berichtet, dass Du vor einigen Jahren viele Gruppen hattest und Deine Schüler teil-

weise bis zur eigenen Unterrichtstätigkeit begleitet hast. Kannst Du uns darüber etwas mehr erzählen?

Antwort:
Ja, ich hatte damals, bis ca. 1990, mehrere Meditationsgruppen und leitete auch intensive Meditationswochen und Wochenenden in Dietfurt, Kevelaer und Damme. Ca. 10 Jahre lang hatte ich auch einige Ausbildungsgruppen (Arnhem, Bochum, Karlsruhe). Als ich mich physisch beschränken musste, habe ich diese Gruppen losgelassen. Jetzt konzentriere ich mich auf die Osnabrücker Gruppe, schon seit mehreren Jahren. Ich tue das recht gerne und „brauche" diesen Kontakt auch für mich.

Frage:
Es gibt viele meditative Richtungen und Schulen, was ist für Dich Sinn und Ziel des Zen und das wesentliche am Zen-Weg?

Antwort:
Das Wesentliche des Zen, der ungegenständlichen Meditation, ist, dass der mögliche Durchbruch zum Wesen hierdurch vorbereitet wird. Ob dieser sich ereignen wird, das ist nicht in unserer Hand, aber wohl also die Ich-reinigende Vorbereitung. Ich spreche auch nicht gerne über Erleuchtung, obschon der Durchbruch auch mit Licht verbunden ist. Es gibt den großen Durchbruch und die kleinen Durchbrüche. Im Übrigen: auch sogenannte kleine Durchbrüche können eine fundamentale und gute Änderung bringen.

Frage:
Menschen, die meditieren, wird oft vorgehalten, dass Meditation eine Flucht vor der Realität, vor den praktischen Problemen des Alltags sei. Ist das nicht wirklich eine große Gefahr der Meditation?

Antwort:
Wenn meditieren eine Art 'Dösen' ist, Flüchten in schöne Gefühle und Phantasien, dann besteht sicher die Gefahr, dass sie eine Flucht vor der Realität ist. Die richtige Meditation aber ist im Gegenteil ein sehr nüchterner Blick auf die praktischen Dinge: Man sieht diese aber

mit anderen Augen. Man nimmt ja die Diskrepanz zwischen 'Sein und Haben' viel intensiver wahr, um mit Erich Fromm zu sprechen.

Frage:
Du unterrichtest Zen in einem christlichen Kloster. Was bedeutet Dir das Christentum, und wie kannst Du Christentum und Zen-Meditation, die aus dem Buddhismus kommt, miteinander vereinbaren?

Antwort:
Meines Erachtens führen sowohl Christentum wie Buddhismus wesentlich zur Begegnung mit dem absoluten Sein und beißen sich einander nicht wesentlich.

In der Dissertation von dem buddhistischen Philosophen Shizuteru Ueda wird das besonders klar gezeigt ('Die Gottesgeburt in der Seele und der Durchbruch zur Gottheit', Untertitel: 'Die mystische Anthropologie Meister Eckharts und ihre Konfrontation mit der Mystik des Zen-Buddhismus bis 1965'). Jesus und Buddha waren sehr verschiedene Personen und vielleicht hat auch der unterschiedene kulturelle Kontext großen Einfluss ausgeübt auf die Art und 'Interpretation' derer mystischen Grunderfahrungen, die beim Christentum mehr personaler, beim Buddhismus kosmischer Art sind. Es gibt verschiedene spirituelle Wege. Wer das einsieht, ist tolerant und hütet sich vor Ideologie und absolutem Fundamentalismus, aber für die individuelle Person ist ihr Weg der Weg.

Frage:
Welche Erfahrungen hast Du persönlich in und mit der Zen-Meditation gemacht, und wie hast Du es geschafft, diese Erfahrungen in Deinen Alltag zu integrieren?

Antwort:
Wie ich schon vorher angedeutet habe, haben bestimmte existentielle Krisenerfahrungen mich zur Meditation geführt. Dazu gehören bestimmte Kriegserfahrungen, der Tod meiner ersten Frau und die Trennung von meiner zweiten Frau und einige sehr große Enttäuschungen in Beruf und Arbeit. Ich musste aber die Verzweiflungserfahrungen mehrmals erleben, bevor ich den Sinn davon verstand. Da-

her ist es ein alltägliches Ringen, um das Wesentliche in den Alltag zu integrieren. Wichtig dabei ist, immer in Verbindung zu bleiben mit der Herz-Mitte.

Frage:
Glaubst Du, dass Meditation wirklich einen praktischen Beitrag leisten kann, das Leben und die Welt lebenswerter zu gestalten, und wie kann das geschehen?

Antwort:
Ja, ich hoffe sehnlich, dass die spirituelle Entwicklung der Menschheit so reif wird, dass die ungeheuer schweren und gefährlichen Probleme dieser Zeit in diesem Sinne überwunden werden können. Es fällt mir nicht leicht, daran zu glauben, weil, wie gesagt, die Lust und der Hang danach, welcher von der Gesellschaft stark gereizt wird, viel bequemer ist und fast eine Religion wird. Diese Religion vertreibt, wenn wir nicht gehörig aufpassen, den echten spirituellen Einsatz oder feuert fundamentalistische Ideologie an.

Frage:
Wenn wir uns in unserem Land und in der Welt umschauen, scheint es, als würden die Menschen und die Menschheit sich in tausend verschiedene Probleme verstricken. Was denkst Du, sind die wirklich wichtigen Probleme und Chancen unserer Zeit?

Antwort:
Die massive Entgleisung ins Nicht-Spirituelle und der Hedonismus ist meines Erachtens das Hauptproblem.

Frage:
Glaubst Du, in Anbetracht der globalen Probleme, die in den nächsten Jahrzehnten auf uns zukommen, dass das Denken und Handeln der Menschen sich so ändert, dass eine globale Katastrophe vermieden werden kann?

Antwort:
Trotz aller Skepsis und Unsicherheit glaube und vertraue ich, dass

unser Schöpfer unsere Welt und uns letzten Endes in seinen Händen hält, und diese Hände sind barmherzig.

Vielleicht muss vieles schief, sogar kaputt gehen, bevor man in seiner Verzweiflung 'umkehrt'. Mit nach außen gewendeten Augen wahrnehmend, fühle ich mich eher pessimistisch.

Frage:
Hans, obwohl Du auf Deine Schüler sehr jung wirkst, bist Du ja schon in einem weisen Alter. Deine Schüler wünschen Dir - nicht zuletzt auch aus Eigennutz - noch viele Jahre. Welche Wünsche aber hast Du an Dein Leben im Alter, und was wünschst Du Dir von Deinen Schülern?

Antwort:
Eben sagte ich, dass ich in gewisser Hinsicht nicht gerade ein Optimist bin. Dass ich dennoch nicht schwarzgallig bin und oft glücklich, das verdanke ich zum Teil der Meditation und was sie auswirkt. Daher hoffe und glaube ich, dass kleine Schritte, viele kleine Schritte, das Gesicht der Erde verändern können. Was ich für mich in diesem Bereich hoffe, ist, dass ich etwas von diesen Schritten noch erlebe und dass die Schüler zu denen gehören, die diese kleinen Schritte machen. Der große General-Sekretär der UNO während der fünfziger Jahre, Dag Hammarskjöld, hat sogar mitten im UNO-Gebäude einen kleinen Meditationsraum gestiftet, einen „Raum der Stille".

Ich möchte mit folgendem Zitat abschließen, das ganz genau meine heutige Verfassung ausdrückt:

„Ich komm, weiß nit woher,
Ich bin und weiß nit wer,
Ich leb', weiß nit wie lang,
Ich sterb' und weiß nit wann,
Ich fahr', weiß nit wohin:
Mich wundert's, dass ich so fröhlich bin.
Da mir mein Sein so unbekannt,
geb' ich es ganz in Gottes Hand,
die führt es wohl, so her wie hin,

mich wundert's, wenn ich noch traurig bin".

(Hans Thoma, Jahrbuch der Seele, Jena 1922)

Hans, ich danke Dir für dieses Gespräch.

Anmerkungen des Herausgebers zum Aufbau und Inhalt der Textvorlagen

Anmerkungen zum Aufbau

Die Texte für die ersten zwei Teile des Buches (die Ochsenbilder, den Sonnengesang) bestanden aus mit Schreibmaschine geschriebenen Skripten für zwei Sesshin. Die Vorlage für den dritten Teil (Vincent van Gogh) ist ein reines Vortragskript. Insbesondere das Skript über die Ochsenbilder enthielt viele, zum Teil später vorgenommene handschriftliche Einfügungen und Ergänzungen und zum kleineren Teil auch Streichungen. Diese handschriftlichen Anmerkungen wurden, soweit sie eindeutig in den Textzusammenhang passten, von mir in den Text eingefügt und die Streichungen weggelassen.

Der zweite Teil (Sonnengesang) enthielt in der Skriptform von Hans Ringrose im Anhang eine Gliederung seines Textes in vier Vorträge. Diese Gliederung war im Text selbst nicht vorhanden. Scheinbar ist der Vortrag als ein Ganzes geschrieben worden und ist dann beim Sesshin in vier Teilen vorgetragen worden. Die Gliederung in diesem Buch in vier Teile des Vortrags ist daher etwas „künstlich" vorgenommen worden.

Auch der Vortrag über die Spiritualität von Vincent van Gogh ist in diesem Sinne in zwei Teile geteilt worden. Diese Unterteilung ist in der Originalfassung ebenfalls nicht vorhanden.

Monika Becker hat bereits beim Entstehen der Grundlagen für die ersten drei Teile des Buches die Texte sprachlich überarbeitet, ebenfalls eine Reihe von Vorträgen. Daher rührt der vielleicht auffallende unterschiedliche Sprachduktus.

Die Vorlagen für den vierten Teil des Buches bestanden zum Teil aus Texten, die von Hans Ringrose selbst mit der Schreibmaschine geschrieben wurden. Ein weiterer Teil wurde von handschriftlichen Vorlagen für seine Vorträge abgeschrieben. Ein anderer Teil mit einem Tonband während seiner Vorträge aufgenommen und dann in geschriebenen Text von meiner damaligen Bürokraft Ute Söhnel und mir übertragen, von Hans Ringrose noch einmal gelesen, gegebenenfalls korrigiert und freigegeben. Von seinen letzten 11 Vorträgen aus dem Jahre 1997 hat Hans selbst noch vier Vorträge (27.2./13.3./5.6. und 4.12.) freigegeben. Die anderen sieben wurden von mir aus handschriftlichen Notizen von Hans abgeschrieben und von Monika Becker sprachlich überarbeitet und von ihr freigegeben.

Der Sprach- und Schreibduktus von Hans Ringrose wurde so belassen, wie er schrieb und wie er sprach.

Da er seine Muttersprache Holländisch besser beherrschte als Deutsch, haben der Satzbau und seine Sprache manchmal etwas eigentümlich Anrührendes. Zum Teil sind Worte aus dem Holländischen ins Deutsche übertragen worden, wie man sie im Deutschen nicht verwenden würde. Auch diese „Eigentümlichkeiten" wurden beibehalten, weil sie seine Sprache für den Leser lebendiger transportiert und manche Worte dadurch eine eigene subjektive „Färbung" bzw. einen eigenen „Klang" bekommen. Der Leser, der darüber „stolpert" wird motiviert, Sprache neu zu hören und zu hinterfragen.

Bei der Überarbeitung wurde die neue Rechtschreibung übernommen.

Anmerkungen zu den Inhalten

Der erste Teil des Buches beinhaltet das Manuskript eines viertägigen Zen-Sesshins, das Hans Ringrose 1991 im Benediktiner-Kloster in Damme gehalten hat. Leider konnte ich an einem Sesshin dieser Art aus zeitlichen Gründen nicht teilnehmen. Auch wenn die äußere Form des stillen Sitzens durch den japanischen Zen-Buddhismus geprägt ist und er die zehn Ochsenbilder als Ausgangspunkt wählte, um den Sinn des stillen Sitzens zu erläutern, so nimmt er doch Bezug auf den Hintergrund der christlichen Tradition und Mystik. Er weist wiederholt darauf hin, dass sich auch japanische Zen-Meister mit Meister Eckehart auseinandersetzen und sein Weg nach innen eine sehr ähnliche Deutung aufweist.

Im zweiten Teil wird ein Manuskript wiedergegeben, das ebenfalls ein viertägiges Sesshin von 1992 beinhaltet, das sich jedoch ganz im Sinne der christlichen Kontemplation auf Franz von Assisi, sein Sonnengebet und seine Lebenspraxis bezieht. Hier wird der Erkenntnisweg durch das Sonnengebet, durch die Verehrung der Natur zur immanenten Verehrung der eigenen und der ganzen universellen Natur. Hier wird der Alltag zur Übung und zur Praxis, die Franz in sich zum Leuchten bringt und das göttliche Wesen in ihm selbst präsent sein lässt. Erweist sich das Zen-Sesshin noch als ein Aufsteigen, als ein Transzendieren des äußeren Lebens, des Ich zum Absoluten, dem Nichts hin zum Nicht-Sein, so wird aus dem Sonnen-Sesshin des heiligen Franz ein Herabsteigen des Göttlichen in die Immanenz der eigenen Natur. Übung und Alltag werden eins. Die göttliche Präsenz strahlt aus der entpersönlichten Person des Franz selbst, die Nachfolge Christi wird zur Einheitserfahrung durch alle Stärken und Schwächen des Lebens hindurch.

Diese Auffassung setzt sich auch im dritten Teil des Buches fort. Es besteht aus einer Auseinandersetzung mit dem Leben und dem Werk des Malers Vincent van Gogh. Auch hier spielt der Lebensweg selbst die Rolle eines Erkenntnisweges und das Malen nach der Natur, dem Licht (der Sonne) schafft den Durchbruch zum wahren natürlichen Wesen. Alles Spirituelle, das in der Religion, im Leben, im etablierten Beruf nicht gefunden werden kann, erschließt sich im hingebungsvollen Aufgehen des Malers in seiner Kunst. In dieser Kunst opfert sich der Künstler radikal selbst auf dem Altar der Erkenntnis. Ähnlich wie Christus, der mit 33 Jahren am Kreuz stirbt, stirbt Franz von Assisi mit 44 Jahren und Vincent van Gogh mit 37 Jahren – nicht nur, aber auch an der Radikalität der eigenen Lebensauffassung. (Von vielen Zen-Meistern wird im Gegensatz dazu berichtet, dass sie „uralt" wurden.) Das Leben vollendet sich im Eins-Sein mit dem Höchsten Prinzip, das im Buddhismus Nirwana oder Satori genannt wird und im Christentum Nada (Nichts - Johannes von Kreuz), Gottheit (Meister Eckehart) oder der kosmische Christus.

Der vierte Teil des Buches ist dann ganz anders: Hier geht es um die Begleitung des konkreten „Durchschnittsmenschen" in der zweiwöchentlich sich treffenden Zen-Gruppe. Es geht um die Begleitung des heutigen Menschen auf der Suche nach seinem Lebenssinn und Lebensziel.

Hans Ringrose bezieht sich dabei nicht nur auf einen Zen-Meister oder einen christlichen Mystiker, sondern auch auf andere weise Lehrer aus anderen Traditionen. Er nennt Lebensbeispiele, abstrakte aus der Zen-Mystik und konkrete aus der christlichen Tradition, um Sinn und Ziel des eigenen Suchens des Schülers und der Schülerin zu verdeutlichen. Es ist ihm wichtig, auch rational zu erläutern, um was es geht und es so besser verstehen zu können.

Der westliche Mensch will begreifen, was er tut und übt. Hans Ringrose wird dabei zum geduldigen Pädagogen, Psychologen und spirituellen Lehrer. Er schöpft aus seinen eigenen Krisen und seinen eigenen Erneuerungen und bezieht sich immer wieder auf seinen wichtigsten Lehrer und Meister Dürckheim. Hier wird Hans Ringrose selbst zum Übungs- und Lebensmeister und lehrt uns, wie es mit viel Geduld gelingen kann, ein Leben bis ins hohe Alter - auch durch viele Krisen hindurch erfolgreich zu gestalten und zu leben - und wie der Übungsweg selbst, neben dem Lehrer, zum ständigen Begleiter werden kann.

Einleitung des Herausgebers: Bewusstseinszustände und Meditation

In den Texten über Zen und christliche Mystik von Hans Ringrose geht es immer wieder um zentrale Begriffe wie: Seins-Erfahrung, Durchbruchserfahrung, Erleuchtungserfahrung, Wesens-Erfahrung (jeweils kleine und große), Satori, Erfahrung des inneren göttlichen Lichts (christliche Mystik).

Die westliche moderne Bewusstseinsforschung nach Ken Wilber greift heute wieder zurück auf die sehr alten Erkenntnisse des Vedanta, der hinduistischen Wissenschaft vom Bewusstsein. Schon etwa 400 nach Christus wurde dort unterschieden zwischen vier dem Menschen generell möglichen Bewusstseinszuständen: dem Wachbewusstsein, dem Traumbewusstsein, dem Tiefschlafbewusstsein und dem non-dualen Bewusstsein. Da diese Einteilung des Bewusstseins etwas Fundamentales, Existenzielles des Menschseins beschreibt und dem Tagesverlauf jedes Menschen folgt, wurden diese Bewusstseinszustände inzwischen von verschiedenen wissenschaftlichen Disziplinen erforscht. Jeder Mensch durchläuft jeden Tag drei der vier Phasen dieses Bewusstseins, meist unbewusst bzw. schlafend. Daher spricht eine moderne Spiritualität auch davon, dass es in der Meditation darum geht „aufzuwachen", zu erwachen, um alle drei unbewussten - oder schlafend erfahrenden Bewusstseinszustände - im wachen Zustand zu erleben. „Aufwachen" in diesem Sinne bedeutet dann, sich frei zu machen von allen Konditionierungen, Ich-Prägungen, unbewussten Inhalten und Impulsen des menschlichen Bewusstseins. Wenn man Aufwachen ernst nimmt, ein lebenslanger Prozess. Nachfolgend eine kurze Beschreibung dieser Bewusstseinszustände:

Das Alltagsbewusstsein ist unser normales Bewusstsein im Wachzustand, es wird daher *Wachbewusstsein* genannt. Dieses Wachbewusstsein kann sowohl nach außen als auch nach innen gerichtet sein. Es kann die objektive, grobstoffliche äußere Welt ebenso wahrnehmen wie zum Beispiel die innere, subjektive Welt der Körperempfindungen, der Gefühle und Gedanken.

Das sogenannte *Traumbewusstsein* ist auch ein wacher Zustand. Die Gehirnschwingungen und -aktivitäten sind in diesem wachen Zustand so, als würde der Mensch träumen. Wir können im Traum von der objektiven Außenwelt träumen, sie wird sich jedoch im Traum anders darstellen als sie tatsächlich im Wachzustand ist und aussieht. Wenn das Träumen auf eine innere Wahrnehmung gerichtet ist, so wird ein Traum immer ein eindeutiges subjektives Erleben widerspiegeln. Dies wird zum Beispiel dadurch deutlich, dass wir im Traum durch Wände gehen oder sogar fliegen können. Das Traumbewusstsein ist also ein subjektives Bewusstsein, in dem wir energetische, feinstoffliche und bildhafte oder symbolische Erfahrungen machen können und Durchbruchserfahrungen zum eigenen Wesen, zu einer tiefen feinstofflich energetischen Wirklichkeit haben können. Diese Erfahrungen werden in der japanischen Tradition als kleines Kensho, als kleine Durchbruchserfahrungen, bezeichnet.

Das sogenannte *Tiefschlafbewusstsein* ist ein traumloser Wachschlaf. Die Gehirnschwingungen und Gehirnaktivitäten sind hier auf ein Minimum heruntergefahren, so dass in diesem Zustand von einem leeren Bewusstsein gesprochen wird bzw. von einem Bewusstsein ohne Inhalte: wache leere Präsenz und sonst nichts. Diesen Zustand erreichen wir jede Nacht während der sogenannten Tiefschlafphase. Diese Schlafphase ist dafür verantwortlich, dass wir uns am anderen Morgen erholt und ausgeschlafen fühlen. Alle inneren biologischen und geistigen Aktivitäten werden in dieser Phase „fast-auf-Null" runtergefahren. Die Meditationsforschung sagt uns, dass, wenn das Bewusstsein eines Meditierenden durch einen tiefen inneren Prozess von Loslassen geht und diesen Gehirnzustand des Tiefschlafs erreicht, er das Nichts erfahren kann, eine große innere Leere und Stille, in dem er nichts erfährt, in der sich alles Körpererleben auflöst, keine Gedanken und kein Ich vorhanden ist. Dieser Bewusstseinszustand wird auch als großes Kensho (Zen), große Durchbruchserfahrung (Dürckheim) oder spanisch als Nada (Johannes von Kreuz) bzw. Nichts-Erfahrung bezeichnet. In der christlichen Mystik wird vom Christusbewusstsein gesprochen.

Das sogenannte *non-duale Bewusstsein* ist ein sehr hoch trainiertes Bewusstsein, das mühelos zwischen den anderen drei Bewusstseinszuständen wechseln kann, je nachdem, worauf der Fokus der Wahrnehmung gerichtet wird. Im non-dualen Bewusstsein gibt es keine Unterscheidung zwischen Innen und Außen, objektiver und subjektiver Welt, zwischen Leere und Form. Es ist ein schlafloser Schlafzustand. Der non-duale Bewusstseinszustand ist raum- und zeitlos. Durch langes intensives Üben von Meditation oder auch spontan nach plötzlichen sehr tiefen Durchbruchserfahrungen kann sich ein non-dualer Bewusstseinszustand einstellen. Bei entsprechendem Training von innerer Offenheit und Weite kann die Aufmerksamkeit wechseln und auf die anderen Bewusstseinszustände wie Tiefschlafbewusstsein, Traumbewusstsein oder Wachbewusstsein gerichtet werden. Dieser Bewusstseinszustand wird auch als Satori (Zen), Samadhi (Yoga), Uno-Mystika (christliche Mystik) oder allumfassende Liebe bezeichnet.

Im non-dualen Bewusstseinszustand, der anfangs oft nur kurze Zeit gehalten werden kann, ist, und das ist sehr wichtig, jegliche Erfahrung von Trennung aufgehoben. Dieser Zustand wird auch als eine Nicht-Erfahrung bezeichnet. Es kann also auch nicht mehr unterschieden werden zwischen einem unbewussten oder unterbewussten Zustand oder einem überbewussten oder transzendenten Bewusstseinszustand. Wird die non-duale Einheitserfahrung integriert, verhält sich der Mensch ganz natürlich, entsprechend seiner hellen und dunklen Seiten, ob sie ihm bewusst sind oder nicht. Es gibt ja nur noch Bewusstsein an sich, ohne Wertung. Er ist bis zu seinem tiefsten, zuvor meist verschütteten Wesen durchgebrochen. Da jedoch sowohl helle als auch dunkle menschliche Eigenschaften psychologisch verdrängt werden können, wird hier sehr deutlich, wie wichtig sogenannte *Schattenarbeit* wird die darauf ausgerichtet ist, dunkle menschliche Eigenschaften bewusst zu machen und zu integrieren, damit dunkle Aspekte des Ich keinen Schaden anrichten und nicht spontan falsch verstanden und interpretiert werden. (Es besteht die Gefahr von Verwechslung bei den Begriffen Mythos und Mystik: Mythos ist vorrational und Mystik transrational, integriert aber die Rationalität). Es gibt also auch eine Schattenseite der Erleuchtung bzw. des non-dualen Bewusstseins, die entfaltet und aufgedeckt werden sollte.

Fazit: Meditation kann menschliches Bewusstsein und menschliche Entwicklung sehr unterstützen, wenn durch intensive Schattenarbeit seine verdrängten inneren Motive weitestgehend aufgelöst werden. Dies ist oft ebenso ein lebenslanger Prozess wie das Üben der Meditation selbst, in der es darum geht, non-duales Bewusstsein mehr und mehr, möglichst dauerhaft im Bewusstsein zu verankern. Denn wer erwacht oder aufwacht, kann auch wieder einschlafen, wenn Wachsein und Präsenz nicht gepflegt werden. Dies macht deutlich, wie wichtig die Verbindung von Meditation (Ich-Transzendierung) mit Psychotherapie (Schattenauflösung) bzw. von Schattenarbeit ist und wie sehr es erforderlich ist, ein neue spirituelle Psychotherapie oder eine *psychologisch-spirituelle Form von Meditationspraxis* zu entwickeln.

Erste Schritte auf diesem Weg sind Pioniere bereits gegangen: Karlfried Graf Dürckheim, der Lehrer und Meister von Hans Ringrose und andere haben, wie Hans, auf diesen Grundlagen aufbauend den Weg praktiziert, weitergegeben und gelehrt. Auf diesen sehr wertvollen Erfahrungen gilt es aufzubauen und diesen Weg weiter zu entwickeln.

Vor einem anderen persönlichen Erfahrungshintergrund verbindet der spirituelle Lehrer Christian Meyer psychologische und spirituelle Arbeit. Auch Ken Wilber schlägt in seinen Büchern „Intergrale Lebenspraxis" und „Integrale Meditation" (siehe Literaturverzeichnis) einen ähnlichen Weg vor.

Teil I: Die Ochsenbilder

Es ist der Ochs in uns selber, der den Ochsen sucht

Meditationstage im Benediktinerkloster Damme vom 8. – 10. November 1991

Hinführung – Gedichte und Texte

„Die längste Reise
ist die Reise nach innen." (1)

„Ich beginne die Reise nach innen.
Ich reise in mich hinein
zum innersten Kern meines Seins, wo du wohnst.
An diesem tiefsten Punkt meines Wesens
bist du immer schon vor mir da,
schaffst und stärkst ohne Unterlass
meine ganze Person.

Ich sitze hier vor dir, Herr,
aufrecht und entspannt, mit geradem Rückgrat
Ich lasse mein Gewicht
senkrecht durch meinen Körper
heruntersinken auf den Boden,
auf dem ich sitze.

Ich halte meinen Geist
fest in meinem Körper.
Ich widerstehe seinem Drang,
aus dem Fenster zu entweichen,
an jedem anderen Ort zu sein
als an diesem hier,
in der Zeit nach vorn und hinten
auszuweichen,

um der Gegenwart zu entkommen.
Sanft und fest halte ich meinen Geist dort,
wo mein Körper ist: hier in diesem Raum.

In diesem gegenwärtigen Augenblick
lasse ich alle meine Pläne, Sorgen und Ängste los.
Ich lege sie jetzt in deine Hände, Herr.
Ich lockere den Griff, mit dem ich sie halte,
und lasse sie dir.
Für den Augenblick überlasse ich sie dir.
Ich warte auf dich, passiv und erwartungsvoll.

Du kommst auf mich zu,
und ich lasse mich von dir tragen.

Ich lasse meinen Atem
zu diesem Gebet der Unterwerfung
unter dich werden.

Du bist der Grund meines Seins.
Ich lasse los.
Ich sinke und versinke in dir.
Du überflutest mein Wesen.
Du nimmst ganz von mir Besitz.

Gott, du bist dynamisch.
Du bist in mir.
Du bist hier.
Du bist jetzt.
Du bist.

Mein Atem, mein Ein- und Ausatmen,
ist Ausdruck meines ganzen Wesens.

Ich tue für dich
mit dir, in dir.
Ich bin, du "geworden".

Du bist ich "geworden".
Wir atmen miteinander." (2)

„Das Innere Selbst ist so geheimnisvoll wie Gott und entzieht sich - wie Gott - jeder Begrifflichkeit, mit der man es zu umgreifen versucht. Es ist Leben, deshalb kann es nicht wie ein Objekt festgehalten und untersucht werden; es ist eben kein "Ding". Nichts unter der Sonne gibt es - auch keine Meditationsmethode - was dieses Innere Selbst erreichen und verfügbar machen könnte. Alles, was wir vermögen - mit welch geistlicher Übung es auch sei -, ist dies: ein wenig von dem Schweigen in uns bereiten, ein wenig von der Demut,- der Ichlosigkeit, der Herzensreinheit und der Abgeschiedenheit, die notwendig sind, wenn dieses Innere Selbst einige scheue, unvorhersagbare Zeichen seiner Anwesenheit setzen soll." (3)

"Khing, der Meister der Holzarbeiter, schnitzte einen Glockenspielständer. Als er vollendet war, erschien das Werk allen, die es sahen, als sei es von Geistern geschaffen. Der Fürst von Lu fragte den Meister: 'Welches ist dieses Geheimnis in deiner Kunst?' 'Euer Untertan ist nur ein Handwerker', antwortete Khing, 'was für ein Geheimnis könnte er besitzen? Und doch ist da etwas. Als ich daranging, den Glockenspielständer zu machen, hütete ich mich vor jeder Minderung meiner Lebenskraft." Ich sammelte mich, um meinen Geist zur unbedingten Ruhe zu bringen. Nach drei Tagen hatte ich allen Lohn, den ich erwerben könnte, vergessen. Nach fünf Tagen hatte ich allen Ruhm, den ich erwerben könnte, vergessen. Nach sieben Tagen hatte ich meine Glieder und meine Gestalt vergessen. Auch der Gedanke an Euren Hof, für den ich arbeiten sollte, war geschwunden. Da sammelte sich meine Kunst, von keinem Außen mehr gestört. Nun ging ich in den Hochwald. Ich sah die Formen der Bäume an. Als ich einen erblickte, der die rechte Form hatte, erschien mir der Glockenspielständer und ich ging ans Werk. Hätte ich diesen Baum nicht gefunden, ich hätte die Arbeit lassen müssen. Meine himmelsgeborene Art und die himmelsgeborene Art des Baumes sammelten sich darauf. Was hier Geistern beigemessen wurde, ist darin allein begründet'." (4)

"Das vollkommene Tun ist leer. Wer kann es sehen? Derjenige, der die Form vergisst. Jenseits der Form tritt das Ungeformte, das leere Tun mit der eigenen Form. Vollkommene Form ist das Geschehen eines Augenblicks. Seine Vollkommenheit vergeht sofort. Vollkommenheit und Leere gehen zusammen, denn sie sind dasselbe: der Zusammenfall einer Augenblicksform mit dem ewigen Nichts.

Form: der Schein des Nichts. Vergiss die Form, und sie wird plötzlich sichtbar, umstrahlt und glänzend im eigenen Licht, das das Nichts ist. Dann aber suche nicht mehr. Lass es geschehen. Lass es kommen und gehen. Was denn? Alles und jedes, das meint: Nichts."
(5)

Gedanken zu den Ochsenbildern

Von jeher und aus verschiedenen Traditionen kommend, hat man versucht, den Weg der Versenkung zu kartieren.

Johannes vom Kreuz zeichnete einen Berg und verglich den geistlichen Weg mit der Besteigung des Berges. Auch das Bild der Jakobsleiter mit zehn Sprossen ist ein vertrautes Symbol.

Theresa von Avila verglich den inneren Weg mit einer Irrfahrt durch eine Burg mit sieben Zimmern.

Die Sufis skizzierten sieben Täler, die man durchwandern muss, um die imposante Burg Simburgh zu erreichen.

Im Zen-Buddhismus sind es die Ochsenbilder, die eine Art Wegweiser für den suchenden Menschen bedeuten.

In diesen Tagen werden wir versuchen, diesen Bildern näher zu kommen, sie zu betrachten und zu verstehen.

Dabei geht es nicht um eine streng chronologische Reihenfolge oder um eine Leistung, die man erbringen muss. Vielmehr symbolisieren die Ochsenbilder unseren jeweiligen Reifezustand, die Frucht unseres Übens. Daraus ergibt sich, dass wir der Folge der Ochsenbilder nicht unbedingt folgen müssen.

Die zehn Ochsenbilder sind ursprünglich von dem chinesischen

Zen-Meister Kuo-an Shien, 12. Jahrhundert, gemalt worden. Sie sind nicht die einzigen. Es gab Reihenfolgen von vier oder sechs Bildern und auch andere von zehn. Charakteristisch für Kuo-ans Darstellungen ist:

- Kuo-ans Ochse ist von Anfang an schwarz und bleibt schwarz (bei anderen ist er anfangs schwarz und wird allmählich ganz weiß).
- Kuo-an hat nach dem achten Bild, dem Kreis, noch zwei weitere Bilder hinzugefügt.
- Er hat zur Erklärung zu jedem Bild ein Lobgedicht und einen Prosakommentar hinzugefügt.

Diese zehn Ochsenbilder von Kuo-an haben die Japaner sehr angesprochen, während in China die acht geläufiger waren.

Es ist gut, der eigentlichen Betrachtung der Bilder vorgreifend, uns mit den Einzelheiten der Bilder vertraut zu machen.

Das allgemeine Thema:
Ein Hirt hat seinen Ochsen verloren, er sucht und findet ihn, er meistert ihn. Aber zwischendurch ereignet sich etwas Wunderbares: Ochs und Hirt erfahren eine Wandlung.

Der Ochs
symbolisiert das authentische Leben in uns an sich (im Buddhismus: Buddha-Natur, bei Eckehart: Seelenfünklein; bei Graf Dürckheim: das Wesen).

Der junge Mann
der Hirt, der seinen Ochsen verloren hat und ihn sucht. Der noch unbefreite Mensch versucht, den Weg nach innen zu gehen. Ochs und Hirt sind im Anfang geschieden, getrennt. Später wird das anders.

Die Peitsche bedeutet
die Notwendigkeit von vollkommenem Einsatz, „awareness", Aufwand und Mut zum Durchhalten der täglichen Meditation.

Das Seil ist
unser innerliches Verlangen nach Verbindung mit dem Wesen durch disziplinierte Meditation. Es deutet auch echten Glauben, „Faith", und Vertrauen. Später wird aus dem Seil ein Zügel, und noch später ist es verschwunden wie auch die Peitsche und der Ochse.

Die Natur
markiert das Reine, das Natürliche.

Das Gras
symbolisiert das kleine Ich mit seinen Haftungen an das Weltliche.

Die Stadt
zeigt die verseuchte, beschmutzte Welt besonders auch in uns selber.

Der Weise
im letzten Bild ist aus dem jungen Mann auf einmal ein alter Weiser geworden: Er ist neu-geboren, derjenige geworden, der er im Anfang schon war, uralt und urjung.

Der Kreis:
um alle Bilder herum ist der polierte, geglättete Spiegel, der alles reflektiert, ohne selbst beschmutzt zu werden. Er symbolisiert das wahre Sein, das immer schon da ist. Die Bilder reflektieren Schatten des menschlichen Tuns.

Die Reihenfolge der Ochsenbilder:

1. Der Ochs ist verschwunden, der Hirt versucht ihn zu finden
2. Der Hirt entdeckt die Spuren des Ochsen
3. Der Hirt sucht den Ochsen
4. Er fängt ihn
5. Er zähmt den Ochsen
6. Heimkehr auf dem Rücken des Ochsen
7. Der Ochs ist vergessen, der Hirt bleibt allein
8. Leere: Ochs und Hirte sind weg
9. Zurückgekehrt in den Ursprung

10. Betreten des Marktes mit offenen Händen

Ochsenbilder eins und zwei

Bild 1

Die Suche nach dem Ochsen

„Verlassen in endloser Wildnis schreitet der Hirte dahin
durch wucherndes Gras und sucht seinen Ochsen.
Weit fließt der Fluß, fern ragen die Gebirge,
und immer tiefer ins Verwachsene läuft der Pfad,
der Leib zu Tode erschöpft und verzweifelt das Herz.
Doch findet der suchende Hirt keine geleitende Richtung,
im Dämmer des Abends hört er nur Zikaden auf dem Ahorn singen".
(6)

„Wozu das Suchen? Seit jeher ist der Ochse niemals vermisst worden. Doch es geschah, dass der Hirte sich von sich selbst abwandte:

Zen und Mystik

Da ward ihm sein eigener Ochse fremd und verlor sich zuletzt in staubiger Weite.

Die heimatlichen Berge rücken ferner und ferner. Unversehens findet der Hirte sich auf verschlungenen Irrwegen. Gier nach Gewinn und Furcht vor Verlust entbrennen wie aufflammendes Feuer, und die Meinungen über Recht und Unrecht stehen auf widereinander gleich Speerspitzen im Schlachtfeld". (7)

Bild 2

Das Finden der Ochsenspur

„Unter den Bäumen am Wassergestade sind hier und dort
die Spuren des Ochsen dicht hinterlassen.
Hat der Hirte den Weg gefunden
inmitten des dicht wuchernden, duftenden Grases?
Wie weit auch der Ochse laufen mag
bis in den hintersten Ort des tiefen Gebirges:
Reicht doch seine Nase in den weiten Himmel,
dass er sich nicht verbergen kann." (8)

„Das Lesen der Sutras und das Hören der Lehren brachten den Hirten dahin, etwas vom Sinn der Wahrheit zu erahnen. Er hat die Spur entdeckt. Nun versteht er, dass die Dinge, wie verschieden gestaltet auch, alle von dem einen Golde sind und dass das Wesen jeglichen Dinges nicht verschieden ist von seinem eigenen Wesen. Gleichwohl vermag er noch nicht zwischen Echtem und Unechtem zu unterscheiden, geschweige denn zwischen Wahrem und Unwahrem. Noch kann er nicht durch das Tor hereintreten. So bleibt es auch erst vorläufig gesagt, er habe die Spur schon entdeckt." (9)

1. Vortrag zu den ersten beiden Ochsenbildern

Das erste Bild zeigt einen suchenden jungen Menschen. Sein Blick ist hilflos, aber schon fragend. Traurig, ängstlich und verspannt sieht er sich um. Er hofft, hinter sich Stütze und Halt zu finden bei Büchern, in der Wissenschaft, der Psychologie, in Esoterik und Glaubenssätzen. In der Welt, in der Stadt hat er sich sehr angestrengt, seinem Leben einen Sinn zu geben. Doch vergeblich: tief erfüllt ihn das Gefühl, gescheitert zu sein. Er hat Angst, sein Leben zu verpassen.

Muss er es aufgeben?

Das Bild zeigt, dass er doch einen Schritt (ein Schrittchen freilich) weiter gekommen ist. Eine dringende Frage ist ja geblieben und beschäftigt ihn: „Wo bin ich? Etwas fehlt mir; ich bin nicht fertig. Was tue ich hier auf dieser Erde?"

Und er geht doch weiter auf seiner Suche. Jetzt aber nicht mehr in der Stadt, sondern draußen in der Natur, (Natur = die reine Wirklichkeit).

Und: Er trägt eine Peitsche und ein Seil bei sich. Er hat also das Schwergewicht seines Suchens von außen nach innen verlagert, ein entscheidender (Fort-)Schritt.

Also: Er meditiert schon, sei es auch nebenbei. Noch meint er, dass man das Innere greifen, haben kann. Noch ist seine Vorstellung geprägt von einer nach außen gewendeten Haltung, noch ist sie "städtisch". So wird er den Ochsen sicher nie finden, nicht einmal eine

Spur spüren. Und dies trotz dicker Meditationsbücher, trotz des Wissens um die überlieferte Weisheit und trotz der Übung bestimmter körperlicher und geistlicher Techniken. (In dieser Situation wären Drogen die allerschlimmste Verführung.)

Das Bild zeigt diesen jungen, suchenden Menschen (der sehr wohl biologisch schon alt sein kann) ganz alleine. Erst in der allerletzten Zeichnung begegnet er einem (jungen) Mitmenschen, aber da ist er selbst schon „alt" geworden (obwohl er biologisch noch jung sein kann).

Wir brauchen auf unserer Suche Wegweiser, aber letztendlich muss man den Weg, seinen Weg, allein gehen, so schmerzlich und beängstigend das auch ist. Christian Morgenstern sagt es so: „Die zur Wahrheit wandern, wandern allein; keiner kann dem anderen Wegbruder sein." (10) Und Hilde Domin beschreibt ihre Erfahrung: „Die schwersten Wege werden alleine gegangen." (11)

Dieser Alleingang ist schwierig und verwirrend. Der Weg führt durch ein Labyrinth, ist steil und gefüllt von „überwucherndem, hohen Gras" (Es gibt viele Seiten- und Irrwege).

Was für Obstakel (Hindernisse) sind es? Es gibt Seiten- und Irrwege - eigentlich. Und gibt es nirgendwo einen Schimmer Hoffnung?

Ja doch, wenn es auch nur ein kleiner Schimmer ist. Plötzlich, ganz unerwartet, als er erschöpft vom vielen Suchen nichts mehr tut, hört er das „Zirpen der Zikaden", d.h. er hört und erlebt etwas von der Natur, wozu er vorher taub war. Jetzt hat die Natur begonnen, ihm zuzusprechen und lebendig zu sein.

Warum aber erst jetzt?

Jetzt, durch diese kleine Erfahrung kann ihm ein Licht aufgehen. Das Licht, das ihm sagen kann, dass er offensichtlich auf eine unrichtige Weise gesucht hat, und erst in dem Moment, in dem er „aufgibt", tut sich etwas, ohne dass er selber etwas tut.

Ja, erst als er keine Hilfe mehr von außen suchte, sondern alleine blieb, fand er etwas Unerwartetes und Hoffnungsvolles.

Im zweiten Bild findet der Hirte den Ochsen zwar (noch) nicht, wohl aber nimmt er jetzt seine Spuren war. Mit Peitsche und Seil rennt er vorwärts und folgt den Spuren der Ochsenhufen und schaut nicht mehr hinter sich. Mitten im Wirrwarr und im Dickicht stößt er auf unverkennbare Zeichen, die unmittelbar mit dem Ochsen zu tun haben. Wenn die kleine Erfahrung des Zirpens der Zikaden auch nur kurz war, so hat sie ihn doch zutiefst getroffen. Durch alle Un-Natur hindurch wurde etwas transparent in ihm selber!

Vielleicht hat ein Wort Jesu oder ein Buddha-Wort oder ein Ton ihn direkt angesprochen, wodurch er etwas ahnen konnte, was in ihm noch unbewusst, noch verborgen war.
   Nicht selten aber meint der Suchende an diesem Punkt, dass das, was er noch ahnend erfährt, schon das große Es ist. Z.B. liest er nun alles, was ein Weiser oder ein Meister geschrieben und gesagt hat. Oder: Er wird ein allzu treuer Anhänger einer Sekte oder einer Religion. Kurz: Er meint erleuchtet zu sein und schon bei Bild 6 oder 7 angekommen zu sein.

Einmal aber wird der Tag kommen, an dem er missmutig erkennen muss, dass die erworbenen Einsichten zwar richtig sein können, aber dass sich in ihm selbst keine wesentliche Wandlung vollzogen hat. Der alte Adam, die alte Eva sind geblieben. Unruhe und Unzufriedenheit kehren in starkem Maße zurück. Eine kritische Zeit ist angebrochen, worin die wichtigste Erkenntnis ist, dass er sich eingestehen muss, den Hinweis als Realität betrachtet zu haben. Er war An-hänger geblieben, jemand, der aus „zweiter Hand" lebte.
   Ein Leben aus „erster Hand" wäre nur möglich, wenn das dicht wuchernde Gras, das die Sicht auf den Ochsen versperrte, gründlich und auf die richtige Weise gemäht würde. D.h., wenn der Mensch seine vielschichtigen Ichhaftungen-an-die-äußere-Welt loslassen und in der richtigen Weise abmähen kann, wenn er sich ohne Widerstand dem Rhythmus der Tiefatmung hingibt.

Zen und Mystik

Ochsenbilder drei - sechs

Bild 3

Das Finden des Ochsen

„Auf einmal erklingt des Buschsängers
helle Stimme oben im Wipfel.
Die Sonne strahlt warm, mild weht der Wind,
am Ufer grünen die Weiden.
Es ist kein Ort mehr,
dahinein der Ochse sich entziehen könnte.
So schön das herrliche Haupt mit den ragenden Hörnern,
dass es kein Maler erreichte." (12)

„Im Augenblick, da der Hirte die Stimme des Ochsen hörte, springt er jäh zurück und trifft im Erblicken den Ursprung. Die schweifenden Sinne sind in gelassenem Einklang mit diesem Ursprung beruhigt. Unverhüllt durchwaltet der Ochse in seiner Ganzheit jegliches Tun des Hirten. Er west in einer unabdingbaren Weise an, so wie das Salz im Wasser des Meeres oder wie der Leim in der Farbe des Malers. Wenn der Hirte die Augen weit aufschlägt und schaut, dann erblickt er nichts anderes als sich selbst". (13)

Bild 4

Das Fangen des Ochsen

„Nach höchsten Mühen hat der Hirte den Ochsen gefangen.
Zu heftig noch dessen Sinn, die Kraft noch zu wütend,
um leicht seine Wildheit zu bannen.
Bald zieht der Ochse dahin,
steigt fern auf die hohen Ebenen,
Bald läuft er weit in tiefe Stätten
der Nebel und Wolken und will sich verbergen." (14)

„Heute zum ersten Mal wurde der Ochse getroffen, der lange Zeit in der Wildnis verborgen war. Doch die gewohnte und angenehme Welt dieser Wildnis zieht ihn noch so stark hin, dass er nur schwer festzuhalten ist. Noch vermag er sich nicht der Sehnsucht nach dem duftenden Grasbüschel zu entziehen. Noch rast in ihm hartnäckiger Eigen-

Zen und Mystik

sinn, und wilde Tierheit beherrscht ihn. Möchte der Hirte den Ochsen zu echter Sanftmut bringen, dann ist es nötig, ihn mit der Strenge der Peitsche zu züchtigen." (15)

Bild 5

Das Zähmen des Ochsen

„Von Peitsche und Zügel darf der Hirte
seine Hand keinen Augenblick lassen.
Sonst stieße der Ochse mit rasenden Schritten
vor in den Staub.
Ist aber der Ochs geduldig gezähmt
und zur Sanftmut gebracht,
folgt er von selbst ohne Fessel und Kette
dem Hirten." (16)

„Kommt nur im Geringsten irgendein Gedanke auf, dann folgt diesem unumgänglich ein anderer Gedanke nach - endloses Nacheinander. Im Erwachen wird es wahr, im Irren dagegen wird alles unwahr. Alles umweltlich Anwesende ist nicht aus ihm selber, sondern geschieht einzig aus dem anfänglichen Herzen. Halte den Zügel fest und erlaube dir kein Zögern." (17)

Bild 6

Die Heimkehr auf dem Rücken des Ochsen

„Der Hirte selbst kehrt heim auf dem Rücken des Ochsen,
gelassen und müßig.
In den fern hinziehenden Abendnebel klingt weit
der Gesang seiner Flöte.
Takt auf Takt und Vers für Vers
tönt die grenzlose Stimmung des Hirten.
Hört einer auf den Gesang, braucht er nicht noch zu sagen,
wie es dem Hirten zumute." (18)

„Der Kampf ist schon vorüber. Auch Gewinn und Verlust sind zunichte geworden. Der Hirte singt ein bäuerliches Lied der Holzfäller und spielt auf seiner Flöte die ländliche Weise der Dorfknaben. Er sitzt auf dem Rücken des Ochsen und schaut in den blauen Himmel. Ruft ihn einer an, so wendet er sich nicht um. Zupft ihn einer am Ärmel, so will er nicht halten." (19)

2. Vortrag zu den Ochsenbildern drei - sechs

Diese vier Bilder gehören zusammen! Der Ochse wird gefunden, zuerst nur sein Hinterteil, später ganz. Er wird gefunden und gefangen und ein wenig später auch gezähmt. Dabei sind Peitsche und Seil unentbehrlich, damit der starke springlebendige Ochs bezwungen werden kann.

Nach dem 6. Bild sind Peitsche und Seil aber verschwunden, auch der Ochse ist nicht mehr zu sehen.

Das Thema dieser vier Bilder ist der harte Kampf mit dem Ochsen, der immer wieder entfliehen will. Der Hirt gewinnt zwar den Kampf, aber es ist ein merkwürdiger Sieg. Wie schon gesagt, wird der Ochse später nicht mehr zu sehen sein, aber offensichtlich ist dies anders zu interpretieren als am Anfang des Streifzuges. (Eine Zwischenbemerkung: Er ist nicht mehr da, weil er da ist.)

Wichtig ist, folgendes nicht zu vergessen: Die Reihenfolge der Bilder bedeutet nicht, dass jemand, der bei den Bildern fünf oder acht angelangt ist, endgültig die vorhergehenden Bilder hinter sich hat. „Zen mind, beginners mind" (Zen-Geist ist Anfänger-Geist), diese Worte von Suzuki bleiben immer gültig. Immer wieder fängt man neu an, auch dann, wenn man schon sehr geübt ist.

Erst recht trifft das für diejenigen zu, die meinen, schon weit gekommen zu sein und den Anfang überschlagen zu dürfen.

Jetzt zur Sache: Was ist die Aussage dieser vier Bilder?

Der Hirte hat aus seinen vorherigen Erfahrungen gelernt, auf welche Weise er mit dem widerspenstigen Tier ringen muss. D.h. er braucht die Peitsche, damit ist gemeint die Disziplin der Meditation in der Stille der Natur. Er muss üben, um auf die richtige Weise mit der Peitsche umgehen zu können (in casu: regelmäßig, mit vollem Einsatz, aber nicht krampfhaft üben). Was aber muss der Meditierende dann tun, damit er den Ochsen fangen kann? Die Antwort ist einfach: nichts tun, das mit Tun, mit Machen, mit Leisten wollen zu tun hat. Tatsächlich ist dieses Einfache nicht einfach. Jetzt wird das Seil gebraucht: das Bei- sich-selbst-bleiben, zum Beispiel durch den Atem. Durch das richtige Folgen der Atmung kommt der Kontakt mit dem Ochsen zustande, wenigstens mit der Weite des Seins, worin der Ochse lebt. Es ist ein zähes Ringen. Immer wieder, wenn der Hirte nicht aufmerksam genug ist, wächst das Gras rasend schnell, in dem der Ochse sich versteckt.

Im Klartext: Immer wieder aufs Neue werden wir blockiert durch unsere gedanklichen Konzepte, unsere Gefühle der Angst und des Haben-wollens, auch von Lust und Macht, Langeweile, von Bequemlichkeit und Ungeduld, von unserem egoistischen Sinnen und unserem Ego-Bewusstsein. Dies alles überdeckt gleichsam unser „unbeflecktes" ursprüngliches Wesen.

Der Ochse stellt diese ursprüngliche Natur dar. Das Ringen des Hirten ist das Ringen um die Befreiung des Menschen aus dem Dickicht des Grases, des dichten, vielschichtigen Egozentrismus. Es geht um die Befreiung des ursprünglichen Menschen und dieser Prozess vollzieht sich auf eine ganz bestimmte Weise.

Jemand sagte zu Michelangelo, der ein Bild von Jesus gestaltete: „Ihre Schöpfung ist großartig." Michelangelo antwortete: „Ich habe nichts getan. Jesus saß verborgen in diesem Stück Marmor.
   Ich habe ihm nur dabei geholfen, frei zu werden. Er war schon da. Das NichtWesentliche habe ich weggehauen. Ich habe ihn nur entdeckt, ich habe die negative Arbeit getan." (20)
   Also: Das Großartige und Ursprüngliche kommt aus sich selber heraus, wenn das Negative weggenommen wird.

"Leg ab die Gewänder, Titel und Zeichen.
Jetzt musst du nichts mehr erreichen,
als dich ganz allein." (21)

Der Hirte gibt nicht auf, das hat mit seinem Beruf zu tun. Ein guter Hirt lässt ein Tier aus seiner Herde, das weggelaufen ist, nicht im Stich. Er sucht es, bis er es findet und muss dann dafür sorgen, dass er es nicht wieder verliert. Er muss wohl den festen Glauben daran haben, dass er es finden wird.

In der Zen-Tradition heißt es, dass der Suchende drei Dinge braucht: einen festen Glauben, eine kritische Einstellung und großen Mut. Der Glaube sei davon geprägt, dass der Ochse „die Mühe wert ist", dass das Wesen des Suchenden wesentliches Leben ist.

Die kritische Einstellung braucht er, um alles was unwesentlich und betrügerisch-verführerisch sein kann, zu unterscheiden. Der Mut ermöglicht, dass der Hirte trotz wiederholter Rückfälle, Niederlagen und Enttäuschungen, trotz Schwächen und Schmerzen immer wieder von vorne beginnt (Zen-Mind, Beginner-Mind).

Diese schwierigen und negativen Erfahrungen werden ihm sicher nicht erspart. Das eigensinnige wesentlich kleine Ich spielt auf sehr verschiedene, oft raffinierte, fast teuflische Weise einen Streich. Vielleicht gehören aber Scheitern und bestimmte Leiderfahrungen dazu, dass man erlebt, wie klein und ungreifbar das Ich scheint, das Selbst scheint und wie groß das aufgeblähte Welt-Ich ist, das sich nicht so leicht durchstechen lässt.

Von unserem Ich her gesehen ist der Ochse ein wildes Tier. Die Bilder zeigen ihn sehr aktiv, ebenso das Vorgehen beim Fangen. Beide, der Ochse und der Hirte, sind in voller Aktion. Im gewissen Sinne geben damit die Bilder ein unrichtiges Bild dieses Vorganges. In Wirklichkeit wird auf eine aktive, bewegliche Weise ein passives Vorgehen gezeigt: Nur im Nicht-tun sowohl im Sitzen als im Zulassen; „tut sich etwas".

Das Gras wird von selbst gemäht, die Ich-Mechanismen lassen los und ebben ab (werden vergessen, sagt man in der Zen-Sprache). Es tritt eine tiefe Ruhe ein, die Landschaft wird weit, die innere Aufmerksamkeit wird immer lebendiger und der Ochse lässt sich zähmen. Befreit von unserer Ego-Verfassung integriert sich in uns das Nicht-Ich, das Selbst. Seil und Peitsche sind in dieser Seelen-Verfassung nicht mehr notwendig.

Auf dem Heimweg, dem Weg zu unserem eigentlichen Haus-in-uns, spielt der Finder auf dem Rücken des Ochsen auf seiner Flöte. Die Flöte hat keine Löcher und kein Mundstück; seine Musik kann man nicht mit seinen „normalen" Ohren hören. - Die Flöte ist das mysteriöse Instrument der offenen Aufmerksamkeit. Die Noten brauchen nur gespielt zu werden, dann wird überall die Melodie gehört. Der Suchende ist so ein Meister geworden über sein Ich. Oder anders gesagt: Das Ich ist „das SELBST". "Der innere Weg - sagt der japanische Zen-Meister Uchiyama - das ist, „wenn das Selbst ins Selbst hineinwächst".

Meister Eckehart sagt das so:

„Du sollst ganz deinem
„Deinsein" entsinken
Und ins „Seinsein" zerfließen,
und es soll dein „Dein" im „Sein"
gänzlich ein „Mein" werden." (22)

Ochsenbilder sieben - zehn

Bild 7

Der Ochs ist vergessen, der Hirte bleibt
„Schon ist der Hirte heimgekehrt auf dem Rücken des Ochsen,
es gibt keinen Ochsen mehr.
Allein sitzt der Hirte, müßig und still.
Ruhig schlummert er noch, da doch die rot brennende Sonne
schon hoch am Himmel steht.
Nutzlose Peitsche und Zügel, weggeworfen unter das strohene Dach." (23)

„Es gibt keine zwei Dharma. Nur vorübergehend ist der Ochse als Wegweiser aufgestellt. Er gleicht etwa einer Schlinge, in der der Hase, oder einer Reuse, mit der der Fisch gefangen wird. Jetzt ergeht es dem Hirten, wie wenn leuchtendes Gold aus dem Erze gebrochen würde, oder der Mond, von den Wolken sich lösend, zum Vorschein käme. Es leuchtet das eine kühle Licht, schon vor dem Tage des Weltenaufganges." (24)

Teil I: Die Ochsenbilder

Bild 8

Die vollkommene Vergessenheit von Ochs und Hirte

„Peitsche und Zügel, Ochse und Hirt
sind spurlos zu Nichts geworden.
In den weiten und blauen Himmel reicht niemals
ein Wort, ihn zu ermessen.
Wie könnte der Schnee auf der rötlichen Flamme
des brennenden Herdes verweilen?
Erst wenn ein Mensch in diesen Ort gelangt ist,
kann er den alten Meistern entsprechen." (25)

„Alle weltlichen Begierden sind abgefallen, und zugleich hat sich auch der Sinn der Heiligkeit spurlos geleert. Verweile nicht vergnügt am Ort, in dem der Buddha wohnt. Gehe rasch vorüber am Ort, in dem kein Buddha wohnt. Wenn einer an keinem von beiden hängenbleibt, kann sein Innerstes niemals durchblickt werden, auch nicht vom Tausendäugigen. Die Heiligkeit, der Vögel Blumen weihen, ist nur eine Schande." (26)

Zen und Mystik

Bild 9

Zurückgekehrt in den Grund und Ursprung

„In den Grund und Ursprung zurückgekehrt,
hat der Hirte schon alles vollbracht.
Nichts ist besser als jäh auf der Stelle
wie blind zu sein und taub.
In seiner Hütte sitzt er und sieht
keine Dinge da draußen.
Grenzenlos fließt der Fluss, wie er fließt.
Rot blüht die Blume, wie sie blüht." (27)

„Aus dem Anfang ist es rein, und es gibt keinen Staub. Dort beschaut Einer den wechselnden Aufgang und Untergang des Seienden und wohnt selbst in der gesammelten Stille des Nicht-Machens. Er lässt sich nicht von vergänglichen Trugbildern der Welt täuschen und bedarf keiner Einübung mehr. Blau fließen die Ströme, grün ragen die Gebirge. Er sitzt bei sich selbst und beschaut den Wandel aller Dinge." (28)

Teil I: Die Ochsenbilder

Bild 10

Das Hereinkommen auf den Markt mit offenen Händen

„Mit entblößter Brust und nackten Füßen
kommt er herein auf den Markt.
Das Gesicht mit Erde beschmiert,
den Kopf mit Asche über und über bestreut.
Seine Wangen überströmt von mächtigem Lachen.
Ohne Geheimnis und Wunder zu mühen,
lässt er jäh die dürren Bäume erblühen." (29)

„Die Reisigpforte ist fest verschlossen, und selbst der weiseste Heilige kann ihn nicht sehen. Er hat sein gelichtetes Wesen schon tief vergraben und erlaubt sich, von den befahrenen Geleisen der altehrwürdigen Weisen sich abzuwenden. Bald kommt er mit einem ausgehöhlten Kürbis herein auf den Markt, bald kehrt er mit dem Stab in seine Hütte zurück. Wie es ihm gefällt, besucht er die Weinkneipen und Fischbuden, um die betrunkenen Menschen zu sich selbst erwachen zu lassen." (30)

3. Vortrag zu den Ochsenbildern sieben - zehn

Der buddhistische Zen-Weg führt zum Eins-sein mit der Natur und mit der Wirklichkeit des Lebens an sich. Voraussetzung dazu ist, dass der Mensch eins wird mit seinem eigenen Wesen. D.h., er soll sich in seinem wahren, unverdorbenen Selbst erleben.
„Du sollst gereinigt werden von dir selber in dir selber", sagt Meister Eckehart. (31)
Diese Erfahrung ist gekennzeichnet von einem (s)ich - vergessen. Das ist kein Gedächtnisverlust, sondern es vollzieht sich im klarsten und unmittelbarsten Bewusstsein. Es ist eine sehr intensive Erfahrung, die nur dann stattfinden kann, wenn jemand ganz und gar in etwas aufgeht. (In einem anderen Lebensrahmen ist dieses Leben vergleichbar mit „blind verliebt" oder „vollkommen in Musik versunken sein").
"Damit wir Gott finden, müssen wir erst uns selber finden." (32)

In den Bildern sieben und acht wird dieser existentielle Prozess deutlich. Alle Hilfsmittel, welche bisher gebraucht wurden, sind nicht mehr da. Nicht nur die Peitsche und das Seil sind überflüssig geworden, sondern auch unsere Vorstellungen, Konzepte, Ideen und Bilder über die Ochsenwirklichkeit. Ja, selbst der Ochs als Bild war ein Hilfsmittel. Es geht um die Erfahrung der bloßen Aktualität des Lebens, meines Lebens, meines Daseins.
Alles andere waren Zeichen, und man muss sich sehr davor hüten, diese als die eigentliche Wirklichkeit zu betrachten, gerade auch dann, wenn sie uns faszinieren (z.B. wenn man Visionen erlebt). Die eigentliche Wirklichkeit will nicht verehrt, sondern erlebt werden. Sogar das Sitzen soll man letztendlich „vergessen".

Der Hirte ist im siebten Bild „Ochs geworden" und so erfährt er sich auch. Er ist zurückgekommen in sein Ur-Heim, erlebt sich aber doch noch als Individuum, als Person, die unmittelbar verbunden, gefüllt und gespeist wird von einer lebendigen inneren Quelle. Er ist erwacht, er hat die Erleuchtung erfahren. Jetzt macht er keine Jagd mehr auf den Ochsen, der ja auch nicht mehr da ist. Sein Bewusstsein ist nicht mehr gegenständlich, sondern ungegenständlich.

Im achten Bild vollzieht sich dann die letzte Konsequenz. Hier herrscht nur noch das Nichts.

Nichts anderes ist mehr übriggeblieben, sogar der Hirte selbst ist als Individuum verschwunden. Das Bild zeigt eine mystische Erfahrung: das totale Aufgenommensein und Eins-Sein im Kosmischen. Alle Gegensätze sind aufgehoben, alles ist im Wesen gleich geworden, außen ist innen und innen ist außen; oben ist unten und unten ist oben. Der Mensch ist als irdisches Wesen nicht mehr da, weil er ganz Wesen geworden ist.

Diese „Peak-Experience" (Gipfelerfahrung) ist nicht mehr in Worten oder Bildern auszudrücken, daher der leere Kreis.

„Gott vollbringt ohne Mittel und ohne Bildvorstellungen ... Je selbstvergessener du bist, je näher bist du ihm ...

Du sollst dich über dich selbst emporschwingen, auf dass du an die Erkenntnis des unerkennbaren, übergotthaften Gottes kommst. Gott verschmäht es, in Bildvorstellungen zu wirken." (33)

Jetzt könnte der Mensch sich endgültig von der Welt zurückziehen. Er ist befreit, er ist „Geist" geworden.

Ursprünglich gab es auch nur diese acht Bilder, Kakuan fügte dann noch die folgenden zwei Bilder hinzu:

Im neunten Bild kehrt dieselbe Natur zurück wie im ersten Bild. Die Wahrnehmung hat sich allerdings gründlich geändert. Während der Mensch im achten Bild die Ungeschiedenheit und das Wesentliche erfahren hat, sieht er im neunten Bild die Unterschiedenheit des Anwesenden. Er nimmt die Welt der Formen, der 10.000 Dinge, wahr. Diese sind gleichsam die Kehrseite des kosmischen Urwesens, und weil er sich damit direkt verbunden fühlt, bejaht er sie (Eckehart spricht hier vom Sein und Seienden). Dazu kehrt er zurück. Vordergründig gesehen hat sich nichts geändert, die Welt sieht noch genauso aus wie damals, als er den Ochsen suchte. Aber der Suchende hat sich geändert, er sieht dieselbe Welt mit anderen Augen. Hierhin gehört die klassische Zen-Aussage von D.R. Ohtsu: „Als wir noch nicht erwacht waren, war der Berg nur Berg und der Fluss war nur Fluss. Als wir aber durch die Übung erwachten, war der Berg nicht Berg und der Fluss nicht Fluss, war die Weide nicht grün und die Blume nicht rot. Gelangen wir in den Grund und Ursprung, dann ist der Berg durchaus Berg, ist der Fluss durchaus Fluss, ist die Weide grün und die Blume rot. Das vollendete Erwachen ist gleich dem Noch-nicht-Erwachen, trotz des großen Wesensunterschiedes beider." (34)

Ich erinnere in diesem Zusammenhang an das Jesus-Wort: „Siehe, ich mache alles neu." Offenbarung 21,5

Im zehnten und letzten Bild fallen einige Besonderheiten auf. Der Mensch ist wieder zurückgekommen. Fürs erste Mal gibt es aber mehr als einen Menschen. Aus dem jungen Hirten der vorherigen Bilder ist jetzt ein älterer Landstreicher geworden, ein fröhlicher Mann, der einem jungen suchenden Menschen begegnet. Offensichtlich hilft der Ältere dem Jüngeren, nachdem dieser ihn angesprochen hat. Diese Szene spielt nicht mehr draußen in der Natur, sondern auf dem Markt der Welt.

Der Ältere vermittelt nicht den Eindruck, ein Heiliger zu sein; er ist ein ganz gewöhnlicher ziemlich armer Mensch, der aber anders wirkt als ein Durchschnittsmensch: wenig leistungsbestrebt, sichtlich viel Zeit habend und sie genießend. Er ist ziemlich beleibt, hat einen dicken, runden Bauch, d.h. dort ist das Zentrum seiner Kraft, Zeichen seiner inneren Reife. Kurz: Er ist sich selbst ganz und gar, und er lebt glücklich, weil er ohne Titel, Rang und Stand ist; ein befreiter Mensch, ein innerlich erwachsener Mensch. Er hat das buddhistische Gelübde abgelegt, alle Menschen, die zu ihm kommen, zu retten und zu befreien. Diesen Dienst am Menschen tut er aber nicht als Guru oder als Heiliger, sondern als ein erwachter „Nobody", der tief davon überzeugt ist, dass jeder Mensch ein befreiter Mensch werden kann.

Das erste Bild zeigt den Menschen auf der Suche nach sich selbst. Im letzten Bild sucht derselbe Mensch den anderen oder besser: Er wird gesucht. Jetzt, nachdem sich seine, eine wesentliche, Wandlung in ihm vollzogen hat, weiß er, warum er auf dieser Erde lebt. Um diese

Erkenntnis zu erlangen, musste er den (Sucher)Weg der zehn Ochsenbilder gehen. Und es war „der Ochse in ihm selbst, der den Ochsen suchte."

4. Vortrag: Was können wir von den Ochsenbildern lernen

"Ich bin mir selbst ein unbekanntes Land
und jedes Jahr entdecke ich neue Stege.
Bald wanderte ich hin, durch Meilen weiten Sand
und bald durch blütenquellende Gehege.
So oft mein Ziel im Dunkel mir entschwand,
verriet ein neuer Stern mir neue Wege." (36)

Nachträgliche Betrachtungen:

Ich glaube, es gibt mehrere beachtenswerte Aussagen, Parallelen und auch Unterschiede zu unserer westlichen Spiritualität. Vor allem lehren uns diese Bilder und Aussagen die Notwendigkeit der Einkehr, der Rückkehr und Umkehr. Es ist einfach nicht genug, über das Leben, die Wahrheit usw. nachzudenken. Wir brauchen den Weg nach innen, wir brauchen Meditation und eine Einstellung des Nicht-unbedingt-leisten-Wollens, also des Nichttuns, des Lassens und Zulassens.

Wichtig ist auch, die Mittel als Hilfsmittel zu unterscheiden, sie also nicht als die Wirklichkeit zu betrachten und zu verehren. Es geht darum, Leben und Wirklichkeit in ihrer Aktualität, das heißt befreit vom Unwesentlichen, zu erleben, direkt und unmittelbar zu erfahren. Insoweit Buddhismus Religion genannt werden kann, ist es m.E. die Religion der Aktualität, (Eckehart spricht vom ewigen Jetzt). Alle Hilfsmittel, inklusiv die sogenannten Meister, die heiligen Schriften und Zeremonien sind Wegweiser, sind Hinweise, die nach dem Mond weisen, aber nicht Mond sind. Beim Zen-Buddhismus sind diese Hilfsmittel im Übrigen auf ein Minimum beschränkt, z.B. verzichtet die Meditation auf Bilder, sie ist ungegenständlich. Sie ist eine besondere Überlieferung außerhalb der Schriften, unabhängig von Wort und Schriftzeichen unmittelbar des Menschen Herz (Seele) zeigend, die eine Natur schauen und Buddha werden. Ein weiterer Punkt, damit der Mensch die Aktualität der Wirklichkeit erfahren kann, ist (und darauf kommt es ja an), dass er zuerst sich selbst in seiner Aktualität kennenlernen und erfahren kann. Genau wie im Christentum ist hier die Rede von der Rückkehr zu seinem eigenen und eigentlichen Heim. Auch der Zen-Weg ist ein Via Purgativa, ein Reinigungsweg: Wir müssen uns von der Ego-Dominanz lösen, damit das Wesen-in-uns befreit werden kann. Und diese Möglichkeit besteht im Prinzip für jeden Menschen. Dadurch verändert sich der Mensch. Die Erfahrung seines Wesens ist schicksalhaft entscheidend. Er lernt von seinem Wesen her zu leben, zu handeln, zu sein. Diese Verwandlung gibt seinem Leben einen neuen Sinn, weil alles neu wird, auch im Alltag! Eine noch radikalere Wandlung kann sich vollziehen, wenn ihm die Gnade der Berührung Gottes zufällt, eine mystische Berührung. Eine treffende Parallelität ist in diesem Kontext der Hinweis auf die Nichts-Erfahrung, die ja auch bei Meister Eckehart, Johannes vom Kreuz und Thomas Merton ausdrücklich erwähnt wird.

Es geht also nicht nur um die Verbindung mit dem Transzendenten, sondern sowohl der Zen-Buddhist als auch der Christ nehmen sich der Not des leidenden, suchenden Mitmenschen an. Aktion und Kontemplation gehören zusammen, wenn auch die Akzente anders liegen: Die Barmherzigkeit der Buddhisten richtet sich auf die Befreiung des Individuums. Sie richtet sich auf eine Wandlung innerhalb des Menschen und innerhalb der bestehenden gesellschaftlichen Strukturen. Sie ist in erster Instanz nicht eingestellt auf soziale, ökonomische und politische Ungerechtigkeit, auf Revolution, richtet sich z.B. nicht auf die Situation der Armen und Unterdrückten. Sie ist eher abwartend als aktiv (der alte Weise im Bild zehn hilft, wenn jemand ihn darum bittet).

Der Buddhist ist also nicht nur auf seine eigene Befreiung bedacht (wie oft behauptet wird) und ebenso wenig ist er davon überzeugt, dass er seine wesentliche Freiheit auf eigene Faust „machen" kann, auch er erfährt die Erleuchtung und Befreiung als Gnade – auch der Buddhist kennt die Demut. Seine Solidarität mit den Mitmenschen ist unumstritten, hat aber eine andere Form als die des Christentum, eine Form, die trotzdem von einer hohen Spiritualität zeugt.

Es gibt sicher noch mehr zu sagen über die Übereinstimmung bzw. Unterschiede zwischen Zen-Buddhismus und Christentum. So steht die mystische Erfahrungswelt der Christen meist nicht im Zeichen von völliger Ich-Ent-Individualisierung. Vielmehr wird sie gekennzeichnet von der Berührung, von einer als Person persönlich erfahrenen Transzendenz. Gott spricht mich an in meinem tiefsten Sein, und dieses Angesprochensein ist durchtränkt von Liebe. Ich erfahre mich dann unmittelbar mit Gott verbunden, es gibt die Erfahrung einer Wesensgleichheit, einer Verwandtschaft. Wir kennen die Begriffe Tochter und Sohn Gottes, die Gottesebenbildlichkeit. Trotzdem aber bleibt ein Abstand zwischen Gott und den Menschen bestehen. Daraus entwickelt sich die Demut, aber auf eine bestimmte Weise ist auch hier der Gegensatz dann aufgehoben.

Vielleicht kann man sagen, dass wir in der Reihenfolge der Ochsenbilder bis Bild sieben ankommen und dann schließen sich die Bilder neun und zehn direkt an - ob der Unterschied zwischen Ost und West damit zusammenhängt? Dass wir Leben-in-seiner-Wesentlichkeit von einer Selbsterfahrung her erleben, und die Morgenländer eher von einem Wir-Sein?

„Das In-seiner-Mitte-Sein ist ein dauernder Zustand kritischer Wachsamkeit, der den Menschen in seiner Ganzheit fordert. Dann ist der Leib Ausdruck des Werdens der Person, die immer in Verwandlung begriffen ist. Sie lässt den Menschen nach und nach wieder zu seinem göttlichen Ursprung hinfinden und zugleich zu der Fähigkeit, von ihm in seiner irdischen Wirklichkeit zu zeugen. Der Gegensatz ist dann aufgehoben." (37)

Ich möchte nun die Gedanken zu den Ochsenbildern abschließen mit einer kurzen Betrachtung eines japanischen Professors und Zen-Buddhisten Ueda. In seiner Dissertation über Meister Eckehart greift Ueda eine Eckehart-Predigt über Martha und Maria auf und verweist auf ein Gemälde des holländischen Malers Pieter Aertsen (um 1550).

Es handelt sich hierbei um das Verhältnis zwischen Martha und Maria. Die geschäftige Martha fungiert auf dem Gemälde als Küchenmeisterin, die weitere Mitarbeiter in den Dienst stellt. Zusammen mit den Beständen einer reich ausgestatteten Vorratskammer beherrscht sie das Bildgeschehen. Jesus und die Schar derer, die wie Maria ihm zuhören und sich um diese zur Schau gestellte Geschäftigkeit nicht weiter kümmern, bleiben klein und kaum erkennbar im Hintergrund. Dieses Bild ist eine Realisation der Eckehart-Vorstellung, dass - ganz im Gegensatz zu der üblichen Interpretation - die aktive Martha die menschlich und spirituell Gereiftere ist. Eckehart erblickt in der tätigen Martha einen Menschen, der das „nur" kontemplative Marienstadium bereits hinter sich hat. Sie ist schon in der Lage, das auf dem Innenweg Erfahrene und Empfangende im äußeren Werk fruchtbar zu machen. Die Weltwirklichkeit bleibt nicht sich selbst überlassen, als sei sie etwa eine minderwertige Schöpfung und ihres Schöpfers nicht würdig. Wer wahrhaft mit Gott vereint ist, der trennt sich nicht von ihm, wenn er sich auch seinen Aufgaben zuwendet und sich dem Leben mitten in der Welt stellt.

Es ist wie bei den Ochsenbildern. Zuerst findet der suchende Mensch den Ochsen in sich selber, dann entdeckt er den Mitmenschen und erkennt den Grund seiner Anwesenheit in dieser Welt. Das ist auch unser Weg: Ohne „Martha" bleibt das Leben nur halb gelebt.

Was die Ochsenbilder betrifft: Durch ihre Lebendigkeit können diese uns inspirieren und neu unterrichten, worauf es ankommt auf unserem eigenen Suchweg.

Wir alle sind ja Suchende und unterwegs wie Pilgernde, unterwegs zu einem gemeinsamen Ziel.

Die Vorträge sind von persönlichen Einsichten und Erfahrungen geprägt.

Weitere Informationen und vertiefende Literatur siehe unten.

Ich habe mich bewusst nicht auf buddhistische Aspekte beschränkt, sondern auch christliche Mystiker bei der Interpretation hinzugenommen, (Meister Eckehart, Johannes vom Kreuz, Thomas Merton). In Japan besteht ein großes Interesse für Eckehart, u.a. zeigt das die Dissertation von S. Ueda: „Die Gottesgeburt in der Seele und der Durchbruch zur Gottheit. Die mystische Anthropologie Meister Eckeharts und ihre Konfrontation mit dem Zen Buddhismus", (1965).

Buchempfehlungen

Folgende Bücher möchte ich empfehlen:

- „Der Ochs und sein Hirte", Zen-Augenblicke, mit Kommentaren von P. Lassalle, Kösel Verlag 1990
- „Der Ochs und sein Hirte", D. R. Ohtsu, Neske-Verlag 1958
- „Zen Oxherding Pictures", Z. Shibayama, mit japanischem u. englischem Text, 1975
- „The ten oxherding Pictures", D. T. Suzuki, englischer u. japanischer Text, ohne Jahreszahl
- „De plaatjes van de os", Nico Tydeman, holländische Kommentare, 1983

Osnabrück, 24. Oktober 1991

Teil II: Franziskus und sein Sonnengesang

Meditationstage im Benediktinerkloster Damme, 18. – 22. November 1992

Begrüßung

Herzlich willkommen hier in unserem schon vertraut gewordenen Kloster Damme. Dieses kleine Sesshin wird dies Mal etwas länger dauern, das kommt uns sicher zugute. Die meisten von Euch sind mit dem Verlauf solcher Tage vertraut. Ansonsten gibt die Tagesordnung genügend Aufschluss. So werde ich die praktischen Mitteilungen kurz fassen und auch diese Begrüßungsworte beschränken.

Wie immer in Meditationstagen geht es auch jetzt darum, dass wir durch unseren ganzen persönlichen Einsatz das "Haben" loslassen und unser Ich "vergessen", damit das Sein-in-uns uns berühren und erfüllen kann.

Erfüllt vom Sein kehren wir dann später wieder zurück in die alltägliche Welt, die wir dann - hoffentlich - mit anderen Augen sehen werden und auch das Vorzeichen unseres Lebens sich verändert hat.

Dazu führen uns vor allem die intensiven Meditationsübungen der kommenden 4 Tage. Das Sonnenlied des hl. Franz von Assisi möge uns inspirierend helfen und begleiten und auch die Anleitungen zur Meditation, die fast alle im Bezug zur Sonne stehen. Während meiner Vorbereitung zu diesen Tagen musste ich häufig an eine Geistesverwandtschaft denken zwischen Franz von Assisi und dem Maler Vincent van Gogh, der 7 Jahrhunderte später lebte. Mit seinem Pinsel, aber auch durch sein Leben versuchte Vincent im Wesen dasselbe auszudrücken wie Franziskus. Stärker noch: Auch er erfuhr wie Franziskus die Sonne als die zum Leben erweckende Quelle, als Christus, als göttliches Sein. "Ach, wer nicht an die Sonne glaubt, der ist gottlos", hat Vincent van Gogh einmal ausgerufen. So möchte ich Sie auf das Bild "Der Sämann" hinweisen, das gleichsam van Gogh's Sonnengesang ist. Ich wünsche uns, dass jeder und jede von uns in diesen Tagen seinen eigenen Sonnengesang dichten kann. Ich wünsche uns eine gesegnete Zeit der Einkehr.

Ich beginne mit dem Zitat eines französischen Philosphen:

„Das sakrale Offenbaren via des Kosmos und die sakrale Offenbarung in der Psyche ist ein und dasselbe. Kosmos und Psyche sind die zwei Pole ein und derselben Expression. Ich drücke mich selber aus, wenn ich die Welt zum Ausdruck bringe.

Ich entdecke meine eigene Sakralität durch die Enträtselung der Sakralität der kosmischen Welt." (1)

Hinführung zur Meditation, Gedichte und Texte

„Sammle dich und kehre ein,
lerne schauen,
lerne leben.
Sammle dich
und Welt wird Schein.
Sammle dich
und Schein wird Wesen." (2)

„Ich sitze hier vor dir, Herr,
aufrecht und entspannt, mit geradem Rückgrat.
Ich lasse mein Gewicht
senkrecht durch meinen Körper
heruntersinken auf den Boden,
auf dem ich sitze.

Ich halte meinen Geist
fest in meinem Körper.
Ich widerstehe seinem Drang,
aus dem Fenster zu entweichen,
an jedem anderen Ort zu sein
als an diesem hier,

in der Zeit nach vorn und hinten
auszuweichen,
um der Gegenwart zu entkommen.
Sanft und fest halte ich meinen Geist dort,
wo mein Körper ist: hier in diesem Raum.

In diesem gegenwärtigen Augenblick
lasse ich alle meine Pläne, Sorgen und Ängste los.
Ich lege sie jetzt in deine Hände, Herr.
Ich lockere den Griff, mit dem ich sie halte,
und lasse sie dir.

Für den Augenblick überlasse ich sie dir.
Ich warte auf dich, passiv und erwartungsvoll.
Du kommst auf mich zu,
und ich lasse mich von dir tragen.

Ich beginne die Reise nach innen.
Ich reise in mich hinein
zum innersten Kern meines Seins, wo du wohnst.

An diesem tiefsten Punkt meines Wesens
bist du immer schon vor mir da,
schaffst und stärkst ohne Unterlass
meine ganze Person.

Gott, du bist dynamisch.
Du bist in mir.
Du bist hier.
Du bist jetzt.
Du bist.

Du bist der Grund meines Seins.
Ich lasse los.
Ich sinke und versinke in dir.
Du überflutest mein Wesen.
Du nimmst ganz von mir Besitz.

Ich lasse meinen Atem
zu diesem Gebet der Unterwerfung
unter dich werden.
Mein Atem, mein Ein- und Ausatmen,
ist Ausdruck meines ganzen Wesens.

Ich tue für dich,
mit dir, in dir.
Ich bin du geworden.
Du bist ich geworden.
Wir atmen miteinander." (3)

„Ich lag in tiefster Todesnacht,
du wurdest meine Sonne.
Die Sonne, die mir zugebracht
Licht, Leben, Freud und Wonne;
O Sonne, die das werte Licht
des Glaubens in mir zugebracht,
wie schön sind deine Strahlen." (4)

„Du, unsere Sonne.
Strahlend
steigst du aus dem Dunkel der Nacht.
Im taubehängten Gras funkelt der frische Morgen
und spiegelt millionenfach dein Bild.

Die Kreatur erwacht:
Vögel schwingen sich in lichtdurchflutete Räume.
Fische huschen durch kristallglänzendes Wasser.
Insekten schwirren und summen überall.

Durch dich sprießen die Triebe der Bäume,
wachsen farbenprächtig Blumen und duftende Kräuter.
Durch deine Kraft reifen alle Früchte –
in Wald und Feld, in Heide und Garten.

Deine liebende Wärme

lässt das Kind im Leib der Mutter gedeihen.
Deine wärmende Zuneigung
gibt dem Küken den Mut, die Schale zu sprengen.

Jeden Morgen erweckst du
die ganze Schöpfung zum Leben:
Durch dich wagt sie sich
aus dem Dunkel zum Licht." (5)

Der gedeckte Tisch

„Der heilige Franz und sein Bruder Masseo trafen sich vor der Stadt zum Essen zusammen, wo eine schöne Quelle sprang, und daneben war ein breiter schöner Stein, der ihnen sehr gefiel. Auf den legten sie ihr Brot, das sie geschenkt bekommen hatten. „O Bruder Masseo", sagte der heilige Franz „wir sind eines so großen Schatzes gar nicht wert", und diese Worte wiederholte er mehrere Male. Da erwiderte Bruder Masseo: "Wie kann man da von einem Schatz reden, wo so viel Armut ist und es an den nötigsten Dingen fehlt? Hier ist kein Tischtuch, kein Messer, kein Fleischbrett, keine Schüssel, keine Hütte, kein Tisch, kein Diener, keine Magd." Da sprach Franz: „Das gerade ist es, was ich für einen großen Schatz halte: Was hier ist, ist durch Gottes Güte bereitet, wie zu sehen ist am Brot, das uns geschenkt wurde, am Steintisch, der so herrlich ist, an der Quelle, die so klar sprudelt. Und darum will ich, dass wir dies alles lieb gewinnen von ganzem Herzen." (6)

„Schöner als der beachtliche Mond
Schöner als der beachtliche Mond und sein geadeltes Licht,
Schöner als die Sterne, die berühmten Orden der Nacht,
Viel schöner als der feurige Auftritt eines Kometen
Und zu weit Schönerem berufen als jedes andere Gestirn,
Weil dein und mein Leben jeden Tag an ihr hängt, ist die Sonne.

Schöne Sonne, die aufgeht, ihr Werk nicht vergessen hat
Und beendet, am schönsten im Sommer, wenn ein Tag
An den Küsten verdampft und ohne Kraft gespiegelt die Segel

Über dein Aug ziehn, bis du müde wirst und das letzte verkürzt.

Ohne die Sonne nimmt auch die Kunst wieder den Schleier,
Du erscheinst mir nicht mehr, und die See und der Sand,
Von Schatten gepeitscht, fliehen unter mein Lid.

Schönes Licht, das uns warm hält, bewahrt und wunderbar sorgt,
Daß ich wieder sehe und daß ich dich wiederseh!

Nichts Schönres unter der Sonne als unter der Sonne zu sein ...

Nichts Schönres als den Stab im Wasser zu sehn und den Vogel oben,
Der seinen Flug überlegt, und unten die Fische im Schwarm,
Gefärbt, geformt, in die Welt gekommen mit einer Sendung von Licht,
Und den Umkreis zu sehn, das Geviert eines Felds, das Tausendeck meines Land
Und das Kleid, das du angetan hast. Und dein Kleid, glockig und blau!

Schönes Blau, in dem die Pfauen spazieren und sich verneigen,
Blau der Fernen, der Zonen des Glücks mit den Wettern für mein Gefühl,
Blauer Zufall am Horizont! Und meine begeisterten Augen
Weiten sich wieder und blinken und brennen sich wund.

Schöne Sonne, der vom Staub noch die größte Bewunderung gebührt,
Drum werde ich nicht wegen dem Mond und den Sternen und nicht,
Weil die Nacht mit Kometen prahlt und in mir einen Narren sucht,
Sondern deinetwegen und bald endlos und wie um nichts sonst
Klage führen über den unabwendbaren Verlust meiner Augen. (7)

Aus dem Sonnengesang des Echnaton (+ 1358 v. Chr.)

„Dein Aufleuchten ist schön am Rande des
Himmels.
Sonne, die du warst, ehe anderes war.

Zen und Mystik

Wenn du aufstrahlst, füllst du die Länder mit
Glanz.
Deine Strahlen umfangen, was du gemacht hast.

Unendlich fern, bist du nah.
Deine Spur ist der Tag.
Gehst du unter, so ist die Erde, als wäre sie tot.

Du bannest die Nacht.
Auf deinen Wink gehen die Menschen freudig
ans Werk.
Das Vieh weidet zufrieden, die Bäume erblühen.
Vögel erheben sich über die Sümpfe
und beten mit eifrigen Flügeln.
Schiffe befahren den Strom,
Straßen schimmern unter dir auf,
Fische durchbrechen den Spiegel des Meeres,
den du bestrahlst.
Du schufst Menschen und Vieh,
alles, was auf Erden umhergeht,
die Länder Syrien und Nubien, das Land Ägypten.
Du gabst den Menschen verschiedene Zungen.
Du schufst den Nil, der aus der Unterwelt quillt,
du hast einen Nil an den Himmel gesetzt,
dass er die Felder benetze.
Herrlich sind deine Pläne,
du Herr in Ewigkeit!
Der Nil von oben ist für die Fremdländer,
der untere Nil für Ägypten.

Deine Strahlen wecken alle Gärten zum Leben.
Du machst die Jahreszeiten, Winterkühle und
Sommerhitze,
Millionen von Gestalten hast du aus dir gemacht,
Aus Städten und Dörfern, von Straßen und
Strömen

heben sich Blicke zu dir,
der du strahlend über der Erde dahingehst.

Du bist in meinem Herzen,
keiner ist, der dich wahrhaft erkennt,
außer deinem Sohn Echnaton.
Ihn hast du schauen lassen,
dass die Welt in deiner Hand ist.
Du bist das Leben, jeder lebt durch dich." (8)

„Und nun öffne ich meine Augen,
um dich in der Welt
der Dinge und Menschen zu schauen.
Ich nehme die Verantwortung für meine Zukunft
wieder auf mich.
Ich nehme meine Pläne, meine Sorgen,
meine Ängste wieder auf.
Ich ergreife aufs Neue den Pflug,
aber nun weiß ich,
dass deine Hand über der meinen liegt
und ihn mit der meinen ergreift.
Mit neuer Kraft trete ich
die Reise nach außen wieder an,
nicht mehr allein,
sondern mit dem Schöpfer als Partner." (9)

Lebensdaten des Franz von Assisi

1182 wird Franziskus als ältester Sohn des reichen Kaufmanns Pietro Bernardone dei Moriconi geboren.

Bis 1205 lebt er das Leben eines lustigen Bruders, am liebsten möchte er Ritter werden.

Er nimmt am Krieg zwischen Perugia und Assisi teil, kommt in Kriegsgefangenschaft, wird krank und von seinem Vater freigekauft. Als er, wieder genesen, als Ritter nach Apulien geht, um sich einem päpstlichen Heer anzuschließen, erfährt er einige visionäre Träume, die Zweifel verursachen bzgl. der Richtigkeit seiner (weltlichen) Berufung.

Franziskus kehrt aus Spoleto zurück nach Assisi. Jetzt beginnen seine Jahre des Suchens, bis er im Jahr 1206 in San Damiano vor dem „sprechenden" Kreuz seine Berufung erfährt und Gewissheit bekommt: "Franz, siehst du nicht, wie mein Haus verfällt? Geh und stell es mir wieder her." (24)

Umkehr -
ein erstes Zeugnis seiner Umkehr ist seine Hinwendung zu den Armen, Kranken und Leprosen. Er nennt sie „unsere armen Schwestern und Brüder in Christus". Seine inneren Widerstände überwindet er, tauscht mit einem Bettler sein Gewand und küsst einem Leprakranken die Wunde.

Im gleichen Jahr: Bruch mit seinem Vater und die dramatische Szene vor dem Bischofspalast, (Franziskus zieht sich nackt aus und dokumentiert seine radikale Hinwendung zur Armut).

Ab 1207 lebt Franziskus sehr intensiv, wirksam und vielseitig im Zeichen der Nachfolge Christi. Von vielen Seiten erfährt er Widerstand und Hohn, aber auch Gefolgschaft. 1223 zählt die locker organisierte Bruderschaft fast 40.000 Brüder aus fast ganz West- und Süd-Europa. Sie dürfen keine Waffen tragen und leben in konsequenter Armut, Einfalt und Brüderlichkeit. In dieser Zeit gab es so viele „Dienstverweigerer" für die Kreuzzüge, dass die Päpste sich gegen Franziskus kehrten.

Franziskus machte sich auf den Weg, wurde zum Wanderprediger und war mehrmals in Rom und in Spanien,

Lebenswichtig wird für ihn die Begegnung (1211) mit der 17jährigen adeligen Clara, die in San Damiano den Orden der Klarissen im Geiste des Franziskus gründet.

Im Jahre 1219 macht Franziskus seine Versöhnungsreise nach Ägypten, wo er vom Sultan freundlich empfangen wird und alles daran setzt, Frieden zwischen Muslimen und Christen zu stiften. Leider vergeblich, denn bald nach seiner Rückkehr, geplagt von einem schweren Augenleiden, ereignet sich eine grausame Schlacht.

In der Bruderschaft treten Spannungen und Verwirrungen auf. Gegen den Willen des Franziskus setzt der Papst eine straffe Leitung durch: Die Bruderschaft wird immer mehr zum Orden. Nur mit Mühe stimmt Franziskus einigen Ordensregeln zu, denn für ihn genügt eigentlich die Bergpredigt.

1224 Die körperliche Gebrechlichkeit von Franziskus wird immer stärker. Außerdem wird er wiederholt von tiefen Depressionen gequält. Auf dem Berg La Verna erhält Franziskus die Wundmale Christi, (Stigmatisation).

1225 verbringt Franziskus, bereits todkrank, die Sommermonate in einem dunklen Raum neben dem Kloster Claras. Sie pflegt und umsorgt ihn. Hier erfährt er auch seine endgültig bestätigende Vision Christi, und hier dichtet er seinen Sonnengesang,

1226 fühlt Franziskus sich dem Tod sehr nahe, er lässt sich nach Portiunkula tragen, der Kirche Santa Maria degli Angeli. Seinen Mitbrüdern befiehlt er, ihn nackt und jeglichen Besitzes entblößt, auf die nackte Erde zu legen.

So starb er, seinen Sonnengesang singend, in der Nacht vom dritten zum vierten Oktober 1226.

1238 wird Franziskus heiliggesprochen. 1253 stirbt Clara, sie wird 1255 heilig gesprochen.

Zen und Mystik

Sonnengesang des heiligen Franziskus - Loblied auf die Schöpfung

„Höchster, allmächtiger, guter Herr,
dein sind das Lob, die Herrlichkeit und Ehre und jeglicher Segen.
Dir allein, Höchster, gebühren sie,
und kein Mensch ist würdig, dich zu nennen.

Gelobt seist du, mein Herr,
mit allen deinen Geschöpfen,
zumal dem Herrn Bruder Sonne,
welcher der Tag ist und durch den du uns leuchtest.
Und schön ist er und strahlend mit großem Glanz:
Von dir, Höchster, ein Sinnbild.

Gelobt seist du, mein Herr,
durch Schwester Mond und die Sterne;
am Himmel hast du sie gebildet,
klar und kostbar und schön.

Durch Bruder Wind und durch Luft und Wolken
und heiteres und jegliches Wetter,
durch das du deinen Geschöpfen Unterhalt gibst.
Gelobt seist du, mein Herr,
durch Schwester Wasser,
gar nützlich ist es und demütig und kostbar und keusch.

Gelobt seist du, mein Herr,
durch Bruder Feuer,
durch das du die Nacht erleuchtest;
und schön ist es und fröhlich und kraftvoll und stark.

Gelobt seist du, mein Herr,
durch unsere Schwester, Mutter Erde,
die uns erhält und lenkt
und vielfältige Früchte hervorbringt

und bunte Blumen und Kräuter.

Gelobt seist du, mein Herr,
durch jene, die verzeihen um deiner Liebe willen
und Krankheit ertragen und Drangsal.
Selig jene, die solches ertragen in Frieden,
denn von dir, Höchster, werden sie gekrönt.

Gelobt seist du, mein Herr
durch unsere Schwester, den leiblichen Tod;
ihm kann kein Mensch lebend entrinnen.
Wehe jenen, die in tödlicher Sünde sterben.
Selig jene, die er findet in deinem heiligsten Willen,
denn der zweite Tod wird ihnen kein Leid antun.
Lobt und preist meinen Herrn
und dankt ihm und dient ihm mit großer Demut." (10)

Sprachlicher Hinweis: Im Italienischen unterscheiden sich manche Worte im Geschlecht gegenüber der deutschen Sprache. Einige Ausdrücke wie „Bruder Sonne", „Schwester Mond" oder „Schwester Tod" sind in der Übersetzung auch im Geschlecht übernommen, was befremdlich wirkt, da wir im Deutschen es genau umgekehrt sagen würden. Bei uns ist „die Sonne" feminin und „der Mond" und „der Tod" maskulin.

1. Vortrag: Vorbemerkungen zum Sonnengesang

Bei diesen Vorträgen gehe ich davon aus, dass Sie mit den Lebensdaten des Franz von Assisi vertraut sind.

Es ist mir nicht möglich, auf alle neun Strophen des Sonnengesangs einzugehen. Ich werde versuchen, eine Art Schlüssel zum Verständnis dieses Lobliedes zu skizzieren und konzentriere mich dabei auf einige Strophen und einige Aspekte.

Dabei werde ich mich nur insoweit mit der Person des Hl. Franziskus und ihren Auswirkungen beschäftigen, soweit sie zum Verständnis des Sonnengesangs beitragen. Daher bleiben sie - notwendigerweise - unvollständig.

Auf den ersten Blick scheint dieser Sonnengesang ganz einfach, ein Kind könnte ihn verstehen. Es sind die Naturelemente, die ausdrücklich gelobt, ja besungen werden: Sonne, Mond, Sterne, Wind und Wasser, Feuer und letzten Endes auch die Erde. Die zwei letzten Strophen scheinen angehängt zu sein, (sie sind tatsächlich von Franziskus später hinzugefügt worden).

Geht es hier um eine mehr oder weniger naive und romantische Naturmystik, (der Name Jesus kommt im Lied nicht einmal vor) - Oder geht es vielleicht um eine Flucht aus der harten, alltäglichen Wirklichkeit?

Durch dieses Lied entstand in der Hagiographie (in der Darstellung des Lebens des Heiligen - d. Hrsg.) das Bild eines kindlich frommen Mannes, der von Vögeln, Fischen und vielerlei Tieren umringt - sie sind seine Zuhörer und Gefährten - ziemlich sorglos durchs Leben ging. Ein mögliches Missverständnis über seine wirkliche Persönlichkeit erhält Nahrung durch die Weise, in der Franziskus selbst über sich sprach: Er bezeichnet sich als „Troubadour und Minnesänger des Herrn".

Wenn wir aber näher hinsehen, entdecken wir ein völlig anderes Bild dieses Mannes. Betrachten wir zunächst den Gesang selbst, und dann die Situation, in der er entstanden ist.

Beim Sonnengesang fallen einige Aspekte auf: Die Elemente werden von Franziskus mit Schwester oder Bruder angesprochen, also als Familie, Verwandte. Welche Bedeutung hat das?

Weiter: Diese Verwandten bekommen bestimmte Qualifikationen, die uns nicht selbstverständlich erscheinen, z.B. das keusche Wasser oder das freundliche Feuer.

Ferner werden die kosmischen Elemente paarweise genannt, Sonne und Mond, Wind und Wasser. Obwohl die Sonne nur einmal genannt und besungen wird, wird das gesamte Loblied nach ihr benannt, warum?

Ein weiteres Merkmal: Die Reihenfolge der Naturelemente folgt einer Linie von oben nach unten, eine umgekehrte Aufzählung wäre „logischer".

Schon diese Fragen zeigen, dass der Sonnengesang des Franziskus gar nicht so einfach ist, wie es zunächst scheint. Das wird noch deutlicher, wenn wir uns die Umstände ansehen, in denen er ihn dichtete und sang.

Das Lied wurde gleichsam geboren, als Franziskus ein ausgezehrter, halbblinder und todkranker Mann war, 43 Jahre alt. Er lebt in dieser Zeit in einem zerfallenen Raum neben dem Kloster Claras in San Damiano.

Sein inneres Leben ist geprägt von einem tiefen Ringen mit Leben und Tod. Einige Monate zuvor hat er am Berg La Verna die Wundmale Christi empfangen. Dann durchleidet er eine tiefe seelische Depression und Unsicherheit, die ihn fragen lässt, ob er den richtigen Weg (Armut, Einfalt und Frieden) auf die richtige Weise gegangen ist.

Diese Krise wird bestärkt durch die Uneinigkeit, die in seinem Orden herrscht, und den drohenden Zwiespalt. Franziskus fürchtet, dass sein Lebenswerk zerstört wird. Eine unheilbare Krankheit lähmt seine körperlichen Kräfte; im Winter 1224/25 verbringt er wegen seines schweren und schmerzlichen Augenleidens Tag und Nacht in völliger Dunkelheit.

Das ist wohl ein ganz anderes Bild von Franziskus als das des lustigen Bruder Franz. Und doch ist es eben hier, wo er vor 20 Jahren seine Umkehr-Erfahrung erlebte. Vor dem „sprechenden" Kreuz von San Damiano vernahm er seine Berufung: Geh! Gerade hier am gleichen Ort erhält er jetzt Jesu Zusicherung des ewigen Lebens: „Jauchze" sprach der Herr zu ihm, „denn meines Reiches Brautpfand ist deine Krankheit, und als Preis deiner Geduld erwarte sicher und gewiss deine Aufnahme in mein Reich." (11)

Alle Schwäche, aller Schmerz und aller Zweifel fallen von ihm ab. Nach einer langen dunklen Nacht geht im Herzen des Franziskus die Sonne auf. In ihm entsteht der Sonnengesang, ein befreiendes Loblied als Frucht der durchlittenen und überwundenen Not.

Dieser Hymnus ist also alles andere als einfach, romantisch oder naiv. Im Gegenteil, die Einfachheit zeigt, dass er aus tiefer existenzieller Not geboren wurde. Tatsächlich gründet sich dieser Lobgesang auf sehr konkrete und seelische und geistliche Erfahrungen in einer Krisenzeit seines Lebens.

Doch nicht nur er steht unter dem Zeichen der Spannung, sondern auch die kirchliche und gesellschaftliche Situation wird überschattet von Gegensätzen. Die Schere zwischen Armen und Reichen wächst, Hungersnot und Krieg bringen Not über das Land. Es ist die Zeit des Investiturstreits und der grausamen Kreuzzüge gegen den Islam und die Waldenser. In diesen spannungsreichen Auseinandersetzungen hat Franziskus sich auf die Seite der Armen und Schwachen gestellt. Im Zeichen des Evangeliums setzt er sich ein für Versöhnung und Frieden, fast immer schwimmt er gegen den Strom. In diesem Einsatz für Friede, Gerechtigkeit und Versöhnung erlebt er tiefe Niederlagen. Doch auch diese Krise ist in dem jauchzenden Lebenslied überwunden, das vor allem von der Befreiung spricht. Es ist das Lied eines wahrhaft freien Menschen.

2. Vortrag: Die Strophen des Sonnengesangs und ihre Bedeutung

Auf dem Hintergrund des Gesagten gehe ich jetzt tiefer ein auf einige Strophen des Sonnengesangs.

In der ersten Strophe wird - auf Erfahrung gegründet - des Menschen wesentliche Ohnmacht und Gottes absolutes Sein bezeugt. Dies wird von tief innen her bejaht. Erst wenn wir unsere tief in unserem Innersten verborgene Eigenmächtigkeit durchschauen und ablegen, wenn wir unsere Lust- und Habens-Verfassung preisgeben, erst dann können wir etwas spüren von Gottes transzendentem Sein.

In jedem von uns lebt ein Verlangen nach Gott, nach wesentlichem Leben, nach eigentlichem Sein.

Wir haben aber die Neigung, gefangen im Habitus des Ich, selbst sein zu wollen wie Gott. Das trifft nicht nur für das Materielle zu, sondern auch für das Spirituelle. Dieses Haben- und Sein-Wollen zeugt von allzu menschlichem Ehrgeiz. Auch Franziskus war, sowohl vor als auch nach seiner Bekehrung, sehr ehrgeizig.

In dieser Hinsicht würde eine von unten nach oben Reihenfolge der Betrachtungen über die kosmischen Elemente passen, die der Mensch sukzessive unter seine Macht bringen will. Die von Franziskus gewählte umgekehrte Reihenfolge zeigt seine innere Verwandlung. Anstatt von unten nach oben zu klettern, hat er erfahren, gesucht zu werden: „Was du suchst, ist das, was sucht." (12)

Diese seine gelebte Demut kommt in seinem Leben klar zum Ausdruck. In folgendem Zitat wird seine Haltung und Einstellung deutlich:

„Denn Gott hat das erwählt, was der Welt töricht erscheint. Und Gott hat das Niedrige und Verachtete dieser Welt erwählt, um das zunichte zu machen, was vornehm, groß und stark erscheint." (13)

Sich selbst nennt Franziskus oft einen "idiota". Seinen Orden nennt er den Orden der Minderbrüder. Eigentlich wollte er gar keinen Orden gründen, sondern nur eine Bruderschaft.

Die erste Strophe also, so verstehe ich es, beruht auf tiefer Seins-Erfahrung. Es gibt in Franziskus nichts Ich-Haftes mehr, als er nach einem schwierigen Leben voller Gegensätze und Krisen das Sonnenlied dichtet. Er ist wesentlich ein freier Mensch geworden, erlöst. Die Seins-Erfahrung befähigt ihn, das Loblied anzustimmen. Bemerkenswert ist, dass er in den folgenden Strophen ausgerechnet die Materie besingt. Darauf werde ich noch zurückkommen.

Wir können Franziskus und sein Sonnenlied besser verstehen, wenn wir von seiner ursprünglichen menschlichen Natur und Umwelt ausgehen. In gewissem Sinne war er ein echter Italiener: sehr sensibel, sinnenfroh, ästhetisch, kontaktfreudig, leidenschaftlich, empfänglich für alles Lebendige und Schöne. Er war sozusagen ein großes Kind, geboren in einer reichen Kaufmannsfamilie.

"Normal" gesprochen wäre er „ein reicher Spaßvogel geworden, ein

Witzemacher und Hahn im Korb" (14) und so war er auch in den ersten 20 Jahren seines Lebens. Er liebte Menschen und Frauen, aber auch und vor allem die Natur, das Licht in seiner wunderschönen Landschaft, Umbrien. Franziskus war ein sehr charmanter Mensch. Dieser Charme verwandelte sich später in ein ausstrahlendes Charisma, das eine ungeheure Faszination ausübte.

Als Franziskus umkehrte, leugnete er diese guten Anlagen und Gaben nicht, sie wurden aber - sozusagen - in einen qualitativ wesentlich anderen Lebenskontext aufgenommen.

Was mir dabei auffällt, ist seine Fähigkeit, als Erwachsener die Wirklichkeit wieder wahrzunehmen und zu erleben wie ein Kind, das vor allem die schönen, unverstellten und unverdorbenen Seiten sieht.

Franziskus gibt uns durch sein Leben eine Perspektive, so sehen zu können, wie Jesus es tat: von unten. Wir können nur von einer nicht-etablierten Position aus richtig sehen. Franziskus` eigene Worte: „Jetzt kann ich sehen". (15)

Franziskus wollte nichts verteidigen müssen ... außer der Liebe, ohne die alles andere nichts nützt.

Er zog weinend umher und mit tiefer Erschütterung rief er seufzend und klagend: „Die Liebe wird nicht geliebt; die Liebe wird nicht geliebt!" (16)

In den nächsten Vorträgen werden wir versuchen, dem Umkehr-Prozess des Franz von Assisi ein wenig mehr auf die Spur zu kommen, mit Hilfe einiger Strophen aus dem Sonnengesang.

3. Vortrag: zum Verständnis des Sonnengesangs

Strophen eins, zwei und drei

„Gelobt seist Du, Herr, mit allen Deinen Geschöpfen,
besonders mit meinem Herrn, dem großen Bruder Sonne,

welcher uns den Tag heraufführt und Licht
mit seinen Strahlen spendet.
Und schön ist er und strahlend mit großem Glanz.
Von Dir, Höchster, ist er uns Gleichnis.

Gelobt seist Du, mein Herr,
durch Schwester Mond und die Sterne.
Durch Dich funkeln sie am Himmelsbogen:
klar und kostbar und schön.

Gelobt seist Du, mein Herr,
durch unsere Schwester Mutter Erde
die uns ernährt und versorgt
und vielfältige Früchte hervorbringt,
mit vielfarbenen Blumen und Grün." (17)

An erster Stelle in der Reihe der von Gott geschaffenen Naturelemente steht die Sonne, das Licht, das „mit großem Glanz strahlt".

Die Sonne wird mit „Herr" angesprochen und als Gleichnis, als Sinnbild Gottes gesehen. Außerdem bekommt sie das Attribut schön, eine Wertschätzung, die Franziskus im Sonnengesang dreimal gebraucht. Jedes Mal ist es die Huldigung an eine kosmische Wirklichkeit, die Quelle des Lichts ist: Sonne, Mond, Feuer.

Das Licht hat also einen sehr hohen Stellenwert, Franziskus liebte es über alles. Das ganze Loblied wurde von ihm „Canticum fratres Solis" genannt. Das Licht, so sehe ich es, durchdringt wesentlich alle Dinge, die besungen werden. Es ist bemerkenswert, dass dieser halbblinde Mann, der physisch kein Licht mehr ertragen konnte, gerade die Sonne und das Licht so begeistert preist. Diese Tatsache alleine zeigt schon, dass es hier wesentlich um ein inneres Licht geht, (wenn auch die Inspiration aus früheren äußeren Sinneserfahrungen stammen kann).

Wir können vielleicht etwas von dieser Faszination des Lichtes nachvollziehen, wenn wir einen Sonnenauf- oder Untergang genießen und davon bezaubert sind. Empfindungen solcher Art sind wahrscheinlich auch für Franziskus Ausgangspunkt seiner Betrachtungen gewesen.

Das Einzigartige seiner ästhetischen Wahrnehmung ist, dass es nicht bei der sinnlichen Wahrnehmung bleibt, sondern die Lichterfahrung ihn bis in das Dunkel seiner Seele hinein oft sehr schmerzlich trifft. Natürlich weiß Franziskus von den negativen Aspekten der Sonne; in seinem Lied erwähnt er aber selektiv die guten Seiten, (das trifft im Übrigen auch für die anderen kosmischen Elemente zu).

Ich glaube, dass hier seine tiefe Verbundenheit mit den Naturelementen ausschlaggebend ist. Franziskus erlebt sich selbst auch als Geschöpf; und auch in ihm sind dunkle, ja zerstörerische und hässliche Kräfte lebendig. So wie er um den Schatten in sich selbst weiß, so weiß er auch um diese dunkle Seite draußen in der Welt. Es ist nicht alles so schön, wie es auf den ersten Blick scheinen mag.

Ich habe bereits angedeutet, welche traurigen Erfahrungen sich im Leben von Franziskus Bahn gebrochen haben und wie sehr diese ihn ergriffen und angegriffen haben. Das Besondere und Großartige bei Franziskus ist, wie er mit diesen dunklen Seiten in sich umgeht; fast modern. Er lässt den Schatten in sich zu, nachdem er das menschliche und leidende Antlitz Jesu Christi "sah", (Geh-Erfahrung durch die Augen Jesu am Kreuz). Diese Erfahrungen drängen Franziskus auf den Weg der Nachfolge Jesu, ein Weg quer gegen den „normalen" Strom, auch in sich selbst. Franziskus geht diesen Weg so radikal und maßlos, (wahrscheinlich passte das zu seinem Charakter) dass er manchmal sogar weit über seine Grenzen ging. Aber gerade durch diesen Prozess des radikalen Zu- und Loslassens bis in seine tiefste Tiefe hinein, und auch körperlich konkret, gerade dadurch kam er innerlich frei, wurde er heil und wesentlich er selbst. Franziskus sagt von sich: „Ich konnte sehen, ich konnte sein". (17)

Von Natur aus hatte Franziskus eine starke Abneigung gegen alles, was stank, was schmutzig oder hässlich war. Er musste das Hässliche konkret annehmen, um so in der „schmerzlichen Umarmung" seine dunkle Seite zu überwinden. Die Begegnung mit einem Leprakranken wurde in dieser Hinsicht zur konkreten Lebenswende.

Die existenzielle Erfahrung, (Erleuchtung, „Jauchze-Erfahrung") in

San Damiano löste eine alles übertreffende Freude und Befreiung aus. Die Angst verschwand, nur das Gute im Universum und bei allen Geschöpfen war da.

Aus dieser Erfahrung dichtet Franziskus sein Lebenslied, seinen Sonnengesang, den er in der Morgenfrühe das erste Mal für seine Gefährten sang.

Die Sonne, das Licht, wurde von Franziskus als alles überragende und alles durchleuchtende, als schöne und männliche Energie erlebt; von Gott geschaffen, damit auch wir niedrige Menschen in aller Demut lernen können zu sehen und zu sein.

Wie schon gesagt, beinhaltet das Attribut „schön" für Franziskus eine sehr hohe Wertschätzung, die Anrede mit „Herr" und sogar „Gleichnis Gottes" weisen in dieselbe Richtung. Sich als Geschöpf erfahrend, fühlt er sich verwandt mit allen anderen Geschöpfen, die wesentlich Seins-Geschöpfe sind. So besitzen Naturelemente auch bestimmte Eigenschaften oder Funktionen, welche für uns als Menschen auf der Suche nach Gott ausschlaggebend sind. Z. B. ist der Wind sanft und streng, das Wasser brauchbar, demütig und kostbar; das Feuer ist fröhlich, kräftig und stark.

Es führt jetzt zu weit, diese einzelnen Attribute zu erläutern, denn sie sind nur im Kontext einer bestimmten Seins-Erfahrung wirklich zu verstehen.

Von großer Bedeutung ist das Paar-Motiv, welches die Eins- und Ganzwerdung zum Ausdruck bringt. D.h. wohl, dass jede Kraft, die uns von Gott geschenkt ist, sich selbst überlassen, unfruchtbar, ja sogar böse werden kann.

Zu dem Tag der Sonne und des Lichts gehört die Nacht des Mondes und der Sterne und letzten Endes Schwester Mutter Erde. Es ist bezeichnend, dass die weiblichen Elemente keine Attribute bekommen, die eine dynamische Qualität haben. Sie beschreiben keine Funktion wie bei den Männern, sondern eine Beschaffenheit, eine Weise des Seins. Sie sind eine Wesenheit, die aber die Verbindung mit der männlichen Kraft brauchen, (die Sonne, der Wind, das Feuer). In dieser Verbindung kommen sie ans Licht und werden fruchtbar.

Auch hier gilt: Sich selbst überlassen wirkt das Dunkel negativ und unproduktiv. Unwillkürlich denke ich bei diesen Bildern an das chinesische Yin-Yang-Prinzip. In diesem Zusammenhang werde ich noch auf die Situation unserer westlichen Welt hinweisen, in der meines Erachtens diese „Ehe" dem Scheitern sehr nahegekommen ist mit allen verhängnisvollen Folgen.

Zum Schluss dieses Vortrags noch einige Worte über diesen weiblichen Aspekt:

Das Dunkle, die Nacht ist also an sich zweideutig. Franziskus hat ihr aber durch den Mond und die lichtbringenden, funkelnden Sterne eine lichtverheißende, leuchtende Bedeutung gegeben.

Das Sein, das noch in der Nacht verborgen ist, lässt sich schon erahnen, lässt auf einen Durchbruch des Lichtes hoffen. Auch hier geht vermutlich die Weise des Erlebens zurück auf eine ästhetische, sinnlich-faszinierende Wahrnehmung des nächtlichen Himmels, so wie auch wir ihn kennen. Diese Wahrnehmung durchdringt die Seele, und dankbar wird der Mond als Schwester gelobt.

Ich möchte noch einen Schritt weitergehen und Franziskus grundsätzliche Beziehung zum Weiblichen anschauen. Es ist bekannt, dass er sich gerne in Höhlen aufhielt, und sich besonders in Zeiten der Krise gerne in diesen dunklen Orten der Erde versteckte. Wir dürfen annehmen, dass dabei ein gewisses Verlangen nach Sicherheit und eine Sehnsucht nach „zurück zum Mutterschoß" mitspielte. Zugleich erfuhr er diesen engen Kontakt mit „Schwester Mutter Erde" als eine Verbindung mit seinen eigenen tiefen irdischen Lebensschichten.

Die Erde, die Höhlen sind für Franziskus auch „Gebärmutter". Alle großen geistigen Erfahrungen wurden Franziskus in Höhlen oder Grotten zuteil, „das Dunkle war mir Licht genug." (18)

So ganz fremd sind uns diese Neigungen sicher nicht, wenn wir an bestimmte Spiele aus unserer Kindheit zurückdenken. Wie wichtig war uns oft der verborgene Platz, z. B. der Dachboden oder ein Zelt im Wald.

Im geistigen Sinne bedeutete diese Neigung für Franziskus, dass er aus einem Leben an der Oberfläche jetzt mehr und mehr ein Leben in der Tiefe führen möchte. Hier in der Tiefe der Erde erlebt er - wie damals als Kind - das Geheimnis einer verborgenen Wirklichkeit: die Wirklichkeit des Seins, seines Seins. Aufs Engste eins mit der Erde wird er neu geboren. Hier vollzieht sich seine Verwandlung, und es ist auch hier, dass ihm via (der) Erde seine Gotteserfahrungen zuteil werden. Sehr klar und ergreifend zeigt sich diese Erdverbundenheit in seiner Sterbestunde.

Im lebendigen Bewusst-werden seiner eigenen Wirklichkeit wird Franziskus erst ganz.
    In diesem Zusammenhang ist seine Beziehung zu Clara von ausschlaggebender Bedeutung. Eigentlich vermisst man im Sonnengesang eine Clara-Strophe. Ist vielleicht die Bewertung des Mondes und der Sterne mit den Eigenschaften "klar, kostbar und schön" eine Referenz an Clara?

Ihr Einfluss auf Franziskus bedeutet nicht nur eine Vervollkommnung seines Mannseins, sondern sicher auch eine Ergänzung und einen Katalysator seiner transzendenten Berufung. Clara gab ihm Rat, wenn er sich des Weges nicht mehr sicher war. Sie pflegte ihn, als er krank war, und in ihrer unmittelbaren Nähe war er trotz seines körperlich zerbrechlichen Zustand imstande, sein Loblied zu dichten. Sie war ihm im vollen Sinne des Wortes „Schwester" Clara, ihm verbunden in einer Liebe, die vom Sein durchglüht war und transzendentalen Widerschein in sich trug, („Agape").

Strophen acht und neun

"Gelobt seist Du, mein Herr,
durch jene,
die verzeihen um Deiner Liebe willen,
und ertragen Krankheit und Trübsal.
Selig jene, die solches ertragen in Frieden.
Denn von Dir, Höchster, werden einst sie gekrönt.

Gelobt seist Du, mein Herr,
durch unsere Schwester leiblicher Tod,
dem kein lebender Mensch kann entrinnen.
Wehe denen, die sterben in Sünde zum Tode.
Selig jene, die eins sind in Deinem heiligsten Willen,
denn der zweite Tod wird ihnen kein Böses tun." (17)

Heute wenden wir uns den zwei letzten Strophen des Sonnengesangs zu.

Die atmen - auf den ersten Blick - ein anderes Klima als die vorangegangenen Strophen.

Abrupt wenden sie sich der menschlichen Realität zu.

In der Tat ist es so, dass der erste Teil des Sonnengesangs aus dem Herbst 1225 stammt, die vorletzte Strophe wurde im Juli 1226 hinzugefügt. Die letzte sogenannte Todesstrophe entstand im Oktober 1226 kurz vor Franziskus Tod.

Scheinbar passt das Thema der achten Strophe nicht zu dem vorangegangenen Lobgesang, der sich ja mit den kosmischen Naturelementen befasst.

In dieser Strophe geht es jetzt um Spannungen, Konflikte und das Leid in der weltlichen Welt. Dies hat Franziskus aufgenommen und damit in denselben Rahmen gestellt: Kosmos und Welt. Welcher Zusammenhang besteht? Es ist die Rede von Versöhnung und Vergebung aus Liebe zu Gott, auch von Frieden und implizit von Abkehr, ja Ablehnung von Krieg und Gewalt.

Z. B. verbietet Franziskus seinen Brüdern, Waffen zu tragen. Offensichtlich nicht ohne Grund, denn in meinem ersten Vortrag deutete ich ja bereits an, wie die äußeren gesellschaftlichen und politischen Umstände im Zeitalter der Kreuzzüge und Bürgerkriege aussahen.

Erstaunlich und bewunderungswürdig ist die Haltung von Franziskus: Er zieht sich nicht ins geistige Feld oder einen Turm zurück, sondern setzt sich ein für Frieden und Versöhnung.

Trotz seines gebrechlichen Körpers und seiner angeschlagenen Gesundheit tut er alles, um das Leid der Armen, der Kranken und Unterdrückten zu mildern und zu lindern. Er schreibt nicht nur mahnende Briefe an die Mächtigen der Erde (Päpste, Bischöfe, Könige, Heerführer und Ritter), sondern er mischt sich ein und stellt sich in den Dienst der Vermittlung und Einheit. Trotz massiver Widerstände, ja sogar Sabotierung durch den Papst, der seine Reise zum muslimischen Sultan verhindern will, gelingt es Franziskus nach Ägypten zu fahren. Im Gegensatz zu Bernhard von Clairvaux weigert er sich, die Kreuzzüge als „Heiligen Krieg" anzuerkennen.

Franziskus sieht sich als ein „Werkzeug des Friedens" und plädiert dafür, dass die Menschen sich mit den Worten „Der Herr gebe dir Frieden" grüßen. Dieser Gruß ist mehr als eine Formel, er zeugt von einer inneren Friedenshaltung und einem tiefen Verlangen nach Versöhnung (die Versöhnung zwischen Christen und Muslimen ist ihm leider nicht gelungen).

Mit anderen Worten: Wie Franziskus sich gegenüber der Natur wie ein Bruder erfährt, genau so, ja vielleicht noch inniger, fühlt er sich wesentlich eins und verbunden mit allen Menschen. Er weiß zwar um seine eigenen dunklen Kräfte, und so weiß er haarscharf, wie es um die Mitmenschen bestellt ist, wenn sie sich selbst überlassen bleiben. Eben darum steht dieser kontaktfreudige offene Mann voller Liebe, Zärtlichkeit und Mitleid den Armen gegenüber und sehnt sich für sie und mit ihnen nach einem besseren Leben, nach Erlösung und Versöhnung.

So wie er an sich Heil erfahren hat, so wünscht und erhofft er sich dies für alle Menschen. In dieser Strophe kommt seine Brüderlichkeit/Geschwisterlichkeit aufgrund seiner Beziehung zu sich selbst zum Ausdruck.

Die letzte Strophe des Sonnengesangs ist dem bevorstehenden Abschied vom leiblichen Leben gewidmet. Auch hier können wir die Frage stellen: Welche innere Beziehung besteht zwischen diesem Loblied auf den Tod und dem übrigen Lobgesang? Wie kann ein Sonnenlied enden mit einem Loblied auf den Tod?

In unserem Bewusstsein ist der Tod nicht nur unentrinnbar, sondern auch ein Geheimnis. Er ist undurchsichtig und beängstigend, weil wir Angst haben vor dem Nichts, vor der Vernichtung.

Handelt es sich in dieser Strophe vielleicht um eine überspannte dichterische Phantasie, oder wird der Tod möglicherweise als

Schwester begrüßt, weil sie Franziskus endlich aus dem großen Elend seiner unheilbaren Krankheit befreit? Sieht man genauer hin und vergegenwärtigt sich, dass Franziskus auch diese Strophe während seines Sterbens gesungen hat, wird man sich bewusst, dass es hier um eine konkrete existenzielle Erfahrung geht. Man kann aber auch an bestimmte Jugenderfahrungen bei Franziskus denken, als er damals noch unbekümmert dem Leben und Tod gegenüber stand und - natürlich ganz naiv - etwas ahnte von einer nicht sinnlich greifbaren, aber intuitiv wohl spürbaren, faszinierenden Welt des Jenseits. Ich habe mehrmals auf solche Kindheits-Wahrnehmungen hingewiesen, und ich bin davon überzeugt, dass man die wesentliche Reifung des erwachsenen Franziskus in Zusammenhang zu dem Wort bringen kann: werden wie ein Kind. D.h. dem Ich, das haben will, vollständig enthaftet zu sein. Dies wiederum bedeutet ganz sein. Hier liegt die letzte und tiefste Bedeutung der Umkehr, der Verwandlung vom Ich- zum Seins-Menschen, der statt nach Unsterblichkeit zu streben die Ewigkeit spürt - quer durch alles leibliche und vergängliche Elend hindurch. Dann fällt auch die Angst weg, und der Sterbende kann, versöhnt mit dem Tod, ihn als Schwester singend begrüßen, ja loben. Der Mensch, der so stirbt, erfährt, dass er ins Seins-Reich aufgenommen wird und daher kann der eigentliche, der zweite Tod „kein Böses mehr tun".

Jeder von uns weiß, dass am Ende des Lebens uns alles genommen wird, was wir so gerne behalten und besitzen möchten, auch das leibliche Leben. Wir sterben so, wie wir geboren werden: nackt.

Ich glaube, dass jeder, der bereit ist zum Ja, auch die Erlösungsmöglichkeit erfährt, das kann auch im allerletzten Moment sein.

Noch zwei Punkte zum Schluss:

Ich habe schon einige Male erwähnt, dass Franziskus seinen Sonnengesang gesungen hat, sogar als er starb. Dieses Singen ist sicher kein bloßes angepasstes Zeichen von Frömmigkeit. Echtes Singen geht viel tiefer, es quillt aus der Seins-Quelle und bedeutet lebendiges Leben. Ja, es ist authentischer Ausdruck von Leben, umso mehr, wenn es um einen Lobgesang geht. Wir sprechen nicht mehr von einem „Ich-" sondern von einem „Seins-Lied". An dieser Stelle denke ich zurück an die tief ergreifende Weise, in der die an Kehlkopfkrebs todkranke Kathleen Ferrier ihre letzten Konzerte gesungen hat, besonders die Totenlieder von Mahler.

Bemerkenswert ist die Weise, worauf Franziskus seine letzten Lebensstunden arrangierte: Als er fühlte, dass sein Ende nahe war, bat er darum, ihn ganz nackt auf die Erde zu legen, um so auf Schwester Tod zu warten. Und er sagte: „Wenn ich heimgegangen bin, lasst mich solange auf dem Boden liegen, wie ein Fußgänger braucht, um eine Meile zurückzulegen." (19)

Bis zu seinem Tod am 3. Oktober 1226 haben zwei Mitbrüder auf seine Bitte hin den Sonnengesang für ihn gesungen; zum Schluss stimmt er selber ein - singend ist er gestorben.

4. Vortrag: Jeder habe seinen Franziskus im Geist und im Herzen

Schlussfolgerungen aus dem Sonnengesang:

In diesem letzten Vortrag werden wir zwei Fragen nachgehen:

- Was hat der Sonnengesang des hl. Franziskus uns gelehrt? - und
- Wie aktuell ist er für uns? Für uns, d.h. sowohl individuell wie auch allgemein.

Der Sonnengesang hat uns Franziskus Lebensweg zur Erlösung gezeigt, und zwar wie dieser sich unter Einbeziehung der kosmischen Elemente (ein scheinbar heidnischer, pantheistischer Zug) vollzog - ganz im Rahmen eines radikalen Weges in der Nachfolge Christi. Via diesem Weg kam er zum absoluten Sein, zu Gott. Ihn hat er gesucht und dabei existenziell erfahren, dass er gesucht wurde. Wir haben gesehen, wie sich dieser Prozess aufgrund ästhetisch-sinnlicher Wahrnehmung vollzogen hat, die wahrscheinlich auf seine Kindheitserfahrungen zurückgehen.

Vom Ich enthaftet und nackt geworden, wurde Franziskus von der religiösen Wirklichkeit und vom Sein in Christus berührt, ja aufgenommen. Auf diese Weise wurde Franziskus wieder ein Kind, aber ein erwachsenes, reifes Kind.

Wesentliche Aspekte und Früchte dieses Geschehens sind die Integration, eine Ehe zwischen dem Männlichen und Weiblichen; die liebevoll freundliche Annahme auch der negativen Kräfte und infolge davon Befreiung; die Verwandtschaftserfahrung mit allen Geschöpfen, mit der Sakralität der Natur und den Mitmenschen; das unermüdliche Eintreten für Frieden, Gewaltlosigkeit und Gerechtigkeit via des Weges eines tiefen Mitleidens; der Armut, Einfalt, Demut und Liebe. Dies nicht abseits von der Welt, sondern in der Welt durch die persönliche Tat und das leidenschaftliche Einmischen, trotz aller Risiken und trotz seiner schwachen Gesundheit. Das Leben des Franziskus: ein exemplarisches Leben, das uns inspirieren und ermutigen kann, unser eigenes Sonnenlied zu dichten und unseren eigenen Lebensweg zu finden und zu gehen.

Damit kommen wir zu der zweiten Frage: Was hat der Sonnengesang uns heute zu sagen?

Ich selbst war für mich sehr überrascht, als ich bei der Vorbereitung dieser Meditationstage feststellte, wie up to date Franziskus und sein Sonnengesang gerade für unsere Zeitenwende ist. Die individuelle Seite habe ich schon angesprochen. Ich gehe jetzt nicht weiter darauf ein, weil ich glaube, dass jeder und jede von uns sich diese Antwort selbst geben kann und wird.

Aber auch bezüglich der Welt und Gesellschaft sind (leider) erstaunlich viele Parallelen zu sehen. Sicher sehen wir heute die Zerreißproben unserer Gesellschaft und Welt größer, weltumspannender und in anderen Zusammenhängen als damals. Die Probleme sind insgesamt noch viel größer geworden, weil wir mehr wissen. Wir spüren, dass wir nicht mehr warten können und ein Angehen der Probleme nicht mehr weitergeschoben werden kann. Halbe Maßnahmen greifen nicht mehr. Wir spüren auch, dass der fatale, einseitig männliche Ich-Rationalismus uns zu überwältigen droht und wir in einer hochentwickelten Technologie ersticken. Eine Fahrt zum Mond (bei Franziskus noch klar, kostbar und schön) scheint eher leistbar als die Reise zu unserem Innersten. Auf die Zerstörung der Natur und Umwelt brauche ich nicht extra hinzuweisen. Sie ist eine schreckliche Folge dieser unverbesserlichen, verbrecherischen Haben- und Ausbeutungs-Einstellung. Welch ein enormer Unterschied zwischen der verwandtschaftlichen Einstellung des Franziskus zur Natur und Umwelt.

Und Gott, und das Sein?

Ich beschränke mich darauf zu sagen, dass die Kirchen immer leerer werden, das religiöse Bedürfnis und die Sehnsucht nach der Transzendenz aber stärker wird und wächst. Darauf setze ich meine Hoffnung. Es ist spät, aber hoffentlich noch nicht zu spät. Jeder und jede von uns gebe seinen Beitrag mit den Gaben und Möglichkeiten, die uns gegeben sind.

Franziskus hat uns einen Weg gezeigt, er hat uns vorgelebt wie via der Natur unser wesentliches Selbst zur Befreiung kommen kann. Um diese Befreiung geht es, sie bedeutet zugleich die Grundbedingung zur Befreiung der Welt.

Mit einem Wort und einem Gebet des Franziskus schließe ich diesen Vortrag ab:

„Und jetzt höre zu, Bruder Leo: Größer als alle Gnaden und Gaben des Heiligen Geistes ... ist die, sich selbst zu besiegen und freiwillig Leiden, Schmähungen, Erniedrigungen und Mühen zu ertragen aus Liebe zu Christus." (20)

Gebet im Geist des hl. Franziskus

"Herr, mache mich zu einem Werkzeug deines Friedens:
dass ich Liebe übe, wo man sich hasst;
dass ich verzeihe, wo man sich beleidigt;
dass ich verbinde, da, wo Streit ist;
dass ich die Wahrheit sage, wo der Irrtum herrscht;
dass ich den Glauben bringe, wo der Zweifel drückt;

dass ich die Hoffnung wecke, wo Verzweiflung quält;
dass ich dein Licht anzünde, wo die Finsternis regiert;
dass ich Freude mache, wo der Kummer wohnt.
Herr, lass zu trachten
nicht, dass ich getröstet werde, sondern dass ich tröste;
nicht, dass ich verstanden werde, sondern dass ich verstehe;
nicht, dass ich geliebt werde, sondern dass ich liebe.
Denn wer da hingibt, der empfängt;
wer sich selbst vergisst, der findet;
wer verzeiht, dem wird verziehen;
und wer da stirbt, der erwacht zum ewigen Leben." (21)

Abschiedsgruß

Mögen wir, wenn wir heute wieder heimkehren, gestärkt und inspiriert unseren weiteren vollen Einsatz geben auf unserem individuellen, spirituellen und dienenden Lebensweg:

„Möge der Weg dir freundlich entgegenkommen,
möge Wind in deinem Rücken sein,
möge die Sonne warm auf deinem Gesicht scheinen,
Wärme dich erfüllen,
Möge der Regen sanft auf deine Felder fallen,
und bis wir einander wieder begegnen:
Möge Gott dich halten in seiner guten Hand." (22)

„Heiliger Franziskus
bitt für uns
jetzt und in der Phase der Entmutigung
dein Bruder Wasser ist vergiftet
dein Bruder Feuer kennen die Kinder nicht mehr
es meiden uns die Vögel.

Über dich lächeln sie
Päpste und Zaren

und die Amerikaner kaufen ganz Assisi
samt dir
heiliger Franziskus
wozu warst du da.

In den steinernen Vorstädten
sah ich dich herumlaufen
ein Hund der im Abfall wühlt
selbst den Kindern
ist ein Plastikauto lieber
als du.

Heiliger Franziskus
was hast du geändert
wem hast du genützt

Heiliger Franziskus
bitt für uns
jetzt und wenn uns das Wasser ausgeht
jetzt und wenn uns die Luft ausgeht." (23)

Sonnengesang - italienischer Text

CANTICUM FRATRIS SOLIS VEL LAUDES CREATURARUM

Sonnengesang in der italienischen Ursprache

Incipunt laudes creaturarum quas fecit Beatus Franciscus ad laudem et honorem Dei cum esset Infirmus apud sanctum Damianum.

Altissimu onnipotente bon signore,
tue so le laude la gloria e l'honore et onne benedictione.

Ad te solo, altissimo, se konfano,

et nu Uu homo ene dignu te mentovare.
Laudato sie, mi signore, cun tuae le tue creature,
spetialmente messor lo frate sole,
lo qual'è iorno,
et allumini noi per loi.
Et ellu è bellu e radiante cun grande splendore,
de te, altissimo, pona significatione.
Laudato si, mi signore, per sora luna e le stelle,
in celu l'ai formate clarite et pretiose et belle.

Laudato si, mi signore, per frate vento,
et per aere et nubilo et sereno et onne tempo,
per lo quale a le tue creature dai sustentamento.

Laudato si, mi signore, per sor aqua,
la quale è multo utile et humile et pretiosa et casta.
Laudato si, mi signore, per frate focu,
per lo quale enn'allumini la nocte,
ed elio è bello et iocundo et robustoso et forte.

Laudato si, mi signore, per sora nostra matre terra,
la quale ne sustenta et governa,
et produce diversi fructi con coloriti fiori et herba.

Laudato si, mi signore, per quelli ke perdonano per lo tuo amore,
et sostengo infirmitate et tribulatione.
Beati quelli ke 'l sosterrano in pace,
ka da te, altissimo, sirano incoronati.
Laudato si, mi signore, per sora nostra morte corporale,
da la quale nullu homo vivente pò skappare.

Guai acquelli, ke morrano ne le peccata mortali:
beati quelli ke trovarà ne le tue sanctissime voluntati,
ka la morte secuna noi farrà male.
Laudate et benedicete mi signore,
et rengratiate et serviateli cun grande humilitate.

Franziskus in Lateinamerika

Der folgende Aufsatz, Franziskus in Lateinamerika, stammt nicht von Hans Ringrose.

Er hat ihn wohl aufgenommen, weil er sehr gut zeigt, wie Franziskus heute leben würde... und wie seine Brüder, die Franziskaner, es auch versuchen.

Er ist geschrieben von Pedro Casaldaliga, spanischer Ordensgeistlicher und Bischof in Sao Felix do Araguaia, Brasilien

Franziskus in Lateinamerika

Wenn Franziskus von Assisi heute in Lateinamerika lebte, würde er als Franziskaner leben, das ist klar, aber auch als Lateinamerikaner: jedoch auf differenzierte Weise, je nachdem, ob er sich in Brasilien, in El Salvador oder in Bolivien aufhielte. Denn obwohl Lateinamerika eine einzige, allen gemeinsame Wirklichkeit darstellt - einen „gläubigen und unterdrückten Erdteil", wie Theologen sagen -, so ist es doch ein vielseitiger Kontinent. Jedenfalls würde Franz als Indianer leben, oder als „la velado", oder als sonst einer der Unterdrückten unseres Volkes. Er wäre arm, aber echt arm. Er würde sich nicht darauf beschränken, eine „vorrangige Option für die Armen" zu machen, denn wer sich für die Armen entscheidet, ist noch kein Armer. Und sich vorrangig für die Armen entscheiden ist gleichbedeutend mit ... was weiß ich. Er wäre ein „Pastoralarbeiter", um das Wort Gottes „kirchlicher" verkünden zu können, denn Franziskus war sehr kirchlich eingestellt. Heutzutage wäre er womöglich weniger kirchlich. Gewiss würde er sich unter den christlichen Basisgemeinden sehr wohl fühlen, und er wäre davon überzeugt, dass sie es sind, die unsere mehr oder weniger ruinierte Kirche gerade wiederherstellen ...

Er würde sich leidenschaftlich für die Sache von Gerechtigkeit und Frieden einsetzen. Ich glaube, er würde sich politisch mehr engagieren - jede Epoche hat ihr eigenes Charisma, denn es ist ganz undenkbar, dass Franz das Dokument von Medellin nicht akzeptiert, den

Schrei der Armen auf dem lateinamerikanischen Kontinent nicht gehört und nicht wahrgenommen hätte, wie der Geist und das Brot unseren Kontinent zum Erbeben bringen. Ich glaube, er würde sich zu Tode ängstigen - wahrscheinlich wäre Franziskus heute ein Märtyrer, wenn er jetzt in Lateinamerika leben und so viele fortdauernde institutionalisierte Gewalt ertragen müsste, die ganzen Völkerschaften und Nationen Leib und Seele zerreißt. Er wäre - oder etwa nicht? - ein Asylant, ein Gefolterter oder ein Verschwundener. Er hätte um des Evangeliums willen Probleme mit Nordamerika. Das sei mit Verlaub aller Nordamerikaner, besonders aller nordamerikanischen Franziskaner gesagt, denn ich befürchte, dass der Sultan der USA ihm nicht mit derselben Aufmerksamkeit zuhören würde, wie der maurische Sultan es damals getan hat, als Franziskus während eines Kreuzzuges für Frieden zwischen den Muslimen und Christen eintrat.

Wahrscheinlich würde er sich nach Rom aufmachen, um dem Papst die unerträglichen Greuel der Massaker in El Salvador und Guatemala ins Gedächtnis zu rufen, die viel unerträglicher sind als der Konflikt um die Falkland-Inseln - und auch um vieles mehr, als die harte Situation im päpstlichen Polen vor wenigen Jahren noch war. Nebenbei würde er versuchen, den Papst zu überzeugen, dass die Sandinistische Revolution nicht weniger christlich ist als so manche christdemokratische Regierung oder katholische Republik auf dem Kontinent, die in keinerlei diplomatischem Konflikt mit dem Heiligen Stuhl steht.

Er würde die Multinationalen mit ihren chemischen und radioaktiven Produkten verurteilen sowie alle selbstmörderischen Fortschritte, welche die Wälder zerstören und das Leben, die Flüsse, die Luft und das Licht der Sterne verdunkeln und verseuchen. Assisi war eine leuchtend menschliche Stadt, sowohl mit ihrer Seele als auch mit ihren Steinen und ihrer Landschaft. Und Franziskus hat sie gesegnet, bevor er starb, wie man den Mutterleib einer Frau segnet. Armer Franziskus, wie machtlos wäre er beim Versuch, die ungeheuren Zusammenballungen von Sao Paulo, Mexiko City oder Buenos Aires zu segnen.

Ebenso wenig gelingt es mir, mir vorzustellen, was Franziskus unternehmen würde, um die menschlichen Wölfe der Repression zu besänftigen, die, zu Tausenden losgelassen, unseren Kontinent durchstreifen. Wie sanft war doch der Wolf von Gubbio, verglichen mit diesen Wölfen! Franziskus wäre auch hier ein Troubadour des Volkes und würde zur Gitarre die Lieder der Eingeborenen vom Schmerz und der Hoffnung dieser großen indianisch-afrikanisch-amerikanischen Heimat singen. Die Kultur und die Religion des Volkes wären seine Kultur und seine Religion, aber mit einem Hauch von Revolution und Theologie der Befreiung im tiefsten Herzensgrund und auf frohlockenden Lippen.

Franziskus würde die lateinamerikanische Klara brüderlich lieben - ganz gleich ob Ordensfrau oder Laiin -, die sich dem Dienst am Gottesreich mit selbstloser Hingabe geweiht hat. Dennoch würde er beim Anblick so mancher Kreuzzüge gegen den Kommunismus dieselbe christliche Enttäuschung verspüren wie damals angesichts der Kreuzzüge gegen den Islam. Denn weder die einen noch die anderen schlagen sich ehrlich nur um des Gottesreiches willen, einzig mit dem Kreuz als Waffe und um die Armen zu befreien, obwohl die Armen unendlich wertvoller sind als das Heilige Grab.

Hätte Franziskus heute eine Ordensfamilie in Lateinamerika gegründet, wenn er alles wüsste, was so inzwischen mit den Orden geschehen ist? Jedenfalls würde er seine eigene Ordensfamilie, und alle anderen Ordensfamilien und alle Christen im allgemeinen, daran erinnern, dass das Evangelium "ohne Kommentar" zu verstehen ist (obwohl das bei uns ein vergebliches Bemühen wäre ...). Franziskus wäre ein noch größerer Beter, wenn es diesem engelgleichen Kontemplativen möglich wäre, noch kontemplativer zu sein. Denn Kontemplation ist umso dringlicher und lebensnotwendiger, je größer der Kampf um die Gerechtigkeit ist. Eine eigentlich christliche Revolution kann man nur aus der Kraft des Gebetes führen, denn Lateinamerika ist - wie überhaupt die ganze Dritte Welt - ein wesentlich kontemplativer Kontinent.

Zum Abschluss glaube ich, dass Franziskus mit dem wundervollen Buch sehr zufrieden wäre, das unser verfolgter Theologe Leonardo Boff über die "Zärtlichkeit und Kraft" des heiligen Franz veröffentlicht hat, obwohl er vielleicht dabei leicht erröten würde, falls es so etwas wie Erröten in der Himmelstheologie gibt.

Ich las einmal, jeder habe „seinen" Franziskus im Geist und im Herzen. Jener Franziskus, den ich mir soeben in Lateinamerika vorgestellt habe, ist offensichtlich „mein" Franziskus.

Gelobt sei unser Herr, weil er uns eines Tages dieses Geschöpf, Franziskus genannt, geschenkt hat, denn noch heute erweckte er in uns die unruhige Sehnsucht, selbst ein lateinamerikanischer Franziskus zu werden!

Sonnengebet

Grundlage des „Sonnengebetes" ist eine inzwischen auch in Europa weitgehend bekannte Übungsfolge aus dem Hatha-Yoga. Das Sonnengebet wird am frühen Morgen, dem Licht der aufgehenden Sonne zugewandt, praktiziert.

Die vorliegende Fassung wurde in Indien aus der Erfahrung mit christlichen Meditationskursen entwickelt. Die bewusst knappen Textimpulse sollen von der immer wieder vollzogenen Erfahrung jedes einzelnen Gläubigen gefüllt werden. Die Einheit von Wort, Körperhaltung und Erleben kann so für den Gläubigen zum Gebet werden.

Teil II: Franziskus und sein Sonnengesang

Bild 1

Herr, ich stehe hier am Beginn deines
neuen Tages. Ich atme und sehe
dein Licht. Ich spüre,
denn du bist in mir
und ich in dir.

Bild 2

Herr, ich stehe ausgespannt in dir.
Lass, mich die Spannungen des heutigen
Tages ertragen:
die Spannungen der Seele,
die Spannungen des Geistes,
die Spannungen des Leibes.

Teil II: Franziskus und sein Sonnengesang

Bild 3

In tiefer Ehrfurcht verneige ich mich.

Bild 4

Ich stehe in den „Starlöchern"
Zu deinem Tage:
mit dem rechten Bein,
mit dem linken Bein.
Mit beiden Beinen spüre ich die Kraft
für den neuen Tag.

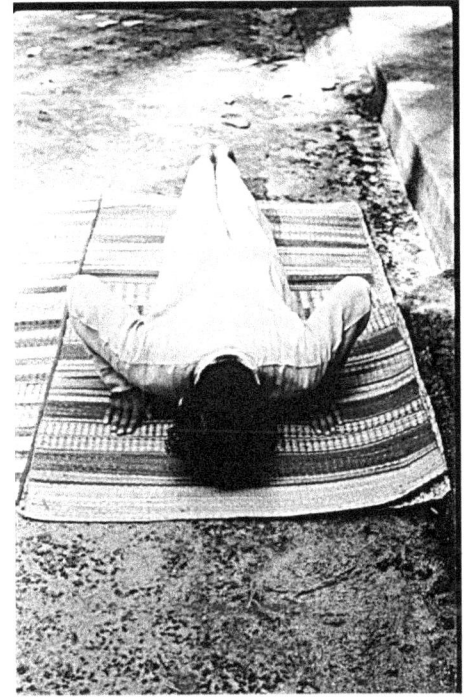

Bild 5

Herr, ich neige mich deiner Erde zu,
bereit auch zu sterben.

Bild 6

Aber ich darf heut dein Licht schauen.

Teil II: Franziskus und sein Sonnengesang

Bild 7

Herr,
ich will eine Brücke bauen,
von Mensch zu Mensch,
von dir zu dir.

Bild 8

Herr,
ich will bereit sein,
deine Gnaden zu empfangen.

Bild 9

Ich opfere mich dir ganz und gar:
Meine Füße, meine Beine,
meinen Leib, mein Herz,
meinen Atem, mein Sprechen und Singen,
mein Sehen, meine Gedanken.
Herr,
lass all meine Kräfte brennen
am heutigen Tag wie Flammen!
Herr,
lass mich leuchten
wie eine Lampe.

Zen und Mystik

Bild 10

    Herr, segne durch mich das Firmament
    mit allem was in ihm lebt, allen Tieren
    und Pflanzen, die ganze Erde mit ihren
    Mineralien, alle lebenden Menschen,
    die Geborenen und die Ungeborenen
    und auch die Toten. Herr, ich bin da.

(Bearbeitete Fassung von P. Sebastian Painadath SJ, Centre or Indian Spirituality in Kalady/Südindien © missio Aachen.)

Buchempfehlungen

Folgende Bücher haben mir bei der Vorbereitung geholfen

1. Hans-Eckehard Bahr: Mit dem Wolf leben, der Mann aus Assisi, Kreuz 1992

2. Ivan Gobry: Franz von Assisi, Rororo, Rowohlt 1958

3. Julien Green: Franciscus, holl. Übersetzung aus d. Französ. Ambo, Baarn, 1984

4. Adolf Holl: Der letzte Christ, Ullstein, Berlin 1982

5. Emmanuel Jungclaussen: Die Fülle erfahren. S. III - 120, Herder, 1978

6. Nikos Kazantzakis: Mein Franz von Assisi, Rowohlt, Reinbeck 1981

7. Hans Koenen: Einige Vorträge über Franziskus v. Assisi, 1992 (diese Vorträge und auch das Büchlein von Otger Steggink sind besonders inspiriert von Eloi Leclercs Buch)

* 8. Eloi Leclerc:

Le cantique des creatures ou les symboles de l'union; 1970, Libr. Fayard; die holländische Übersetzung: Symbolen van de Godservaring, Gottmer, Haarlem, 1974. Leider gibt es keine deutsche Übersetzung. Gründliche, tiefgehende Untersuchung des Sonnengesangs.

9. Walter Nigg: Große Heilige, S. 33-96, Diogenes T. B. 1986, Zü-

rich

* 10. Helene Nolthenius: "Een man uit het dal van Spoleto", Querido, Amsterdam, Es gibt keine deutsche Übersetzung. Gründliche Untersuchung. Die Celano Biographien in den Text aufgenommen. (1989/4)

* 11. Luise Rinser: Bruder Feuer, Herder, Freiburg 1978

* 12. Richard Rohr: Der nackte Gott, S. 62 - 75, Claudius München, 1989 (3) (D. unverbundenen Wunden)

13. Xavier Schnieper, Dennis Stock: Franziskus, Scala Firenze 1981

14. Otger Steggink: Der Sonnengesang des Franziskus, Patmos Düsseldorf, 1987

*Besonders zu empfehlen

Teil III: Die Spiritualität des Vincent van Gogh

„Um das Evangelium zu verkünden,
muss man das Evangelium in seinem Herzen haben."

Vincent van Gogh - 1853-1890

Leben und Werk des Malers

„Sieh, ich möchte gern Bildnisse malen, die in hundert Jahren den Menschen als Offenbarungen erscheinen. Ich möchte das nicht durch fotografische Treue erreichen, sondern durch meine leidenschaftliche Betrachtungsweise, durch Verwertung unserer Kenntnis und unseres heutigen Farbgeschmacks als Mittel des Ausdrucks und der Übersteigung des Charakters." (1)

Das sind prophetische Worte, vor genau einem Jahrhundert geschrieben, als nur sehr wenige Menschen das Werk Vincent van Goghs verstanden. Erst kurze Zeit vor seinem Tod wurde das erste und einzige Gemälde „Die roten Weinberge" zum Preis von 400 fr.Francs (weniger als 200,00 DM) verkauft. Wie die Zeit sich verändert hat!

Aber was ist es, was heute (abgesehen von einer gewissen Modeerscheinung) so viele Menschen an den Werken van Goghs fasziniert? Dieses brennende Interesse geht ja weit über einen „Boom" hinaus. Spürt man, dass besonders die späten Werke eine Botschaft vermitteln, die uns heute etwas zu sagen hat und uns anspricht? Spürt man vielleicht sogar die spirituelle Botschaft der Bilder?

Eine Antwort auf diese Frage zu finden, fällt nicht schwer. Denn Vincent van Gogh selbst gibt sie und lässt darüber keinen Zweifel zu. Schon als junger Mann, etwa 17, 18 Jahre alt, erfährt er (Sohn eines

Pfarrers) die bedingungslose Nachfolge Christi als seine Berufung. Und dabei ist es geblieben. Vincent van Gogh wollte versuchen, den Menschen „ein wenig zu trösten, ein wenig Licht und Hoffnung zu geben". Neben der Bibel trug van Gogh immer „Die Nachfolge Christi" von Thomas von Kempen, bei sich.

Natürlich genügt diese Erklärung nicht, um das große Interesse für van Gogh zu verstehen. Es geht tiefer, es geht um die Weise, auf die er versucht hat, seinen Lebensauftrag zu verwirklichen. Das bezieht sich sicher nicht nur auf die Periode seines Lebens, in der er als Prediger in England und in der Borinage, eine der ärmsten Bergbaugegenden Belgiens, arbeitete.

Wer aufmerksam das Leben van Goghs bis etwa zu seinem 27. Lebensjahr verfolgt, dem wird auffallen, wie buchstäblich alle Versuche jämmerlich scheiterten. Van Gogh fasste seine Arbeit so „naiv-idealistisch" auf und verstand alles so „wörtlich", dass er in unlösbare Konflikte mit seinen Arbeitgebern, der Kirche, geriet. Immer wieder wurde er schon nach kurzer Zeit entlassen, ja förmlich auf die Straße gesetzt. Sein scheinbar unangepasstes Benehmen führte zu vielen tiefen Spannungen und Misserfolgen, auch im privaten Bereich: Ein Theologiestudium brach er ab, auch eine Malerausbildung hielt er nur kurze Zeit durch. Auf der Suche nach einer Frau erhielt er einige Male einen Korb; zwei Jahre lang lebte er mit einer Prostituierten zusammen. Kurz: Sein Benehmen führte dazu, dass die Gesellschaft ihn unbarmherzig abwies, so auch - mit einer Ausnahme - seine Familie. Diese für das Leben und Werk van Goghs äußerst wichtige Ausnahme war sein um einige Jahre jüngerer Bruder Theo. Auf ihn, Kunsthändler in Paris, konnte er sich verlassen. Theo glaubte an Vincent und an sein Werk. Zwischen den Brüdern entstand eine lebendige Beziehung, von der eine ca. 650 Briefe umfassende Korrespondenz zeugt. Theo machte es auch durch seine finanzielle Unterstützung möglich, dass Vincent leben und malen konnte. Vincent war sich seiner gesellschaftlichen Lebensuntüchtigkeit bewusst. - In einem Brief an seinen Bruder schreibt er, er sei ein „Unfähiger, ein Sonderling, ein unangenehmer Mensch, ein Jemand, der keine Stellung in der Gemeinschaft hat oder jemals haben wird, kurz etwas weniger als die größte Null." (2)

„Zwei Menschen wohnen in ihm" - schreibt Theo seiner Schwester – „der eine prachtvoll begabt, sanft und entzückend, der andere egoistisch und unerbittlich. Es ist schade, dass er sein eigener Feind ist."

Tatsächlich: Er war, vom normalen Standpunkt her gesehen unmöglich. Er trank viel, lebte unter ungeheuren neurotischen Spannungen und erlitt häufig schwere Schwindelanfälle. Diese führten dazu, dass er während seiner letzten Lebensjahre einige Male in eine Nervenklinik aufgenommen werden musste. Aus dieser Zeit stammt auch der Verdacht, dass Vincent van Gogh unter Epilepsie gelitten haben soll.

Man bekommt den Eindruck, dass Vincents Leben, etwa bis zum Jahre 1880, im Zeichen des äußeren Scheiterns steht, verursacht durch seine sogenannte halsstarrige Eigenwilligkeit. Diese führte immer wieder dazu, dass er sein Streben nach Karriere und so weiter aufgeben musste.

Gerade durch das scheinbare Scheitern hindurch, konnte die wesentliche Eigenheit van Goghs „aus Nacktheit' geboren werden. Eine Eigenheit, die charakterisiert war durch seine einmalige Gabe des Mitleidens mit Mensch und Kreatur, einem Drang zur Anteilnahme und Mitteilung. Er besaß eine besondere Disponibilität des Hinein-Fühlens in den Menschen, der Identifikation. Aber welches Leid musste er dafür in seinem kurzen Leben erleiden. Doch derselbe einsame, bettelarme Mann schreibt einige Jahre später: „Ich fühle eine Kraft in mir, die ich entwickeln muss; ein Feuer, dass ich nicht auslöschen darf, sondern schüren muss, obwohl ich nicht weiß, zu welchem Ende es mich führen wird". Dieses Wort lässt mich denken an das bekannte Goethe-Wort „ein guter Mensch in seinem dunklen Drange ist sich des rechten Weges wohl bewusst." (3)

Ein rechter, aber ein schmaler und oft sehr steiniger Weg! Mit anderen Worten: Erst als van Gogh fast mit Gewalt, ausgelöst durch sein ausgesprochen unangepasstes Verhalten gegenüber geltenden gesellschaftlichen und später auch bestimmten Kunst-Konventionen losgerissen wurde, als er, sozusagen ganz nackt, ohne Rang und Stand sich selber überlassen wurde, erst dann konnte sein Selbst „nach außen kommen".

In dieser Not, mit der er herumirrte und in der Heide in Drente und Brabant verzweifelt nach Kontakten suchte, ereigneten sich zwei entscheidende Dinge, die eine Wende in sein Leben brachten: Er entdeckte die Möglichkeit eines lebendigen Kontaktes mit der Natur, und er entdeckte das Zeichnen als Mittel, sich selbst auszusagen und auszudrücken. Bis zu einem gewissen Grade konnte er dadurch seine Isolation aufheben und er wollte damit den Armen helfen.

Malen also als Selbstrettung und als Verkündigung. „Tödlich gefährdet in seiner Isolation schloss van Gogh sich der Kunst an, gleichsam wie an ein Beatmungsgerät." (4)

Auf diese Weise wurde für ihn die Kunst auch zum Instrument der Erweckung.

Van Gogh, fast 30 Jahre alt, steht noch ganz am Anfang seiner Entwicklung. Seine geistige und seine künstlerische Reifung muss noch erfolgen. Aber von jetzt an vollzieht sie sich fast linea recta (schnurgerade), wenn auch nicht ohne Schwierigkeiten.

Van Gogh war kein geborener Künstler, kein Naturtalent. In eine übliche akademische Kunstausbildung konnte er sich nicht fügen. Außerdem litt er unter einer motorischen Störung seines rechten Handgelenkes. Mit unglaublicher Zähigkeit und Eifer arbeitete er mehr als sechs Jahre daran, bis dass seine Hand ihm schließlich gehorchte, dem Diktat seines Auges und seines Geistes entsprach. Während dieser Zeit machte er viele Studien von Dörfern, Bauernhäusern, Bauern und Bergleuten. Diese Studien sind fast alle in dunklen Farben gehalten. Das Licht spielt noch eine bescheidene Rolle, es ist schon da, aber zögernd.

Der große Durchbruch vollzieht sich in zwei Etappen: Van Gogh zieht zu seinem Bruder Theo nach Paris und zwei Jahre später in die Provence, Südfrankreich. Damit lässt er den dunklen Norden los.

In Paris kommt er in regen Kontakt mit vielen bedeutenden Malern (Gauguin, Bernard, Toulouse-Lautrec, Millet). Sie haben ihr Atelier verlassen und arbeiten mitten in der Natur. Hier in Paris begegnet van Gogh auch den modernen Kunstströmungen, (Impressionismus, Pointillismus) und erfährt ihren Einfluss, auch den der japanischen Zen-Kunst. Er erlebt die Provence als ein Japan.

Als van Gogh dann im Februar 1888, fast 35 Jahre alt, alleine nach Arles zieht, hat er noch zwei Jahre zu leben. Es sind ungemein schwere Jahre, es sind die Jahre, in denen seine reifsten Werke entstehen.

Allein während seines Aufenthaltes in Arles, der kaum ein Jahr dauert, schuf er 190 Ölgemälde und 108 Zeichnungen. Es ist die Zeit, in der seine Botschaft am klarsten und reifsten zum Ausdruck kommt.

Gedanken zum Verständnis seiner Bilder

Versuchen wir, diese Botschaft zu verstehen:

Wenn man die Bilder, die im Norden und im Süden entstanden sind, miteinander vergleicht, dann fällt der starke Unterschied zwischen dunkel und hell auf. Die Werke, die in Südfrankreich geschaffen wurden, sind eine einzige Hymne auf das Leben und die Natur. Sogar dann, wenn van Gogh nächtliche Himmel malt, sind diese nie wirklich dunkel.

Die "nördlichen" Bilder sind oft von einer gewissen Traurigkeit und einem mitmenschlichen Erbarmen geprägt. Bei den Gemälden, die in der Provence entstanden sind, könnte man meinen, dass ihr Schöpfer das Glück zutiefst empfunden haben muss. Schwerlich käme man auf den Gedanken, dass ihn Einsamkeit, Geldnot und Krankheit fortwährend bedrängten. Die Tragik seiner Existenz wirft kaum einen Schatten auf das Bild. Auffällig sind die kräftigen Farben und die starke Dynamik, das ungeheure Leben, das aus den Bildern spricht. Alles ist gleichsam im Werden und Wachsen. Van Goghs Werk ist an sich nicht symbolisch, ist kein Produkt von Denk-Bildern, wohl aber kann es eine gewisse symbolische Bedeutung tragen, die aus der Erfahrung stammt. (Beispiel: Das Bild vom Sämann).

Van Goghs Malen bleibt gegenständlich, man erfährt aber, dass das alles andere ist als realistisch oder naturgetreu. Eher ist es als existentiell zu bezeichnen. Seine Inspiration entzündet sich an seinem besonderen Kontakt mit der Natur; ein Kontakt, den der bloße Realist oder Impressionist nicht kennt.

Van Gogh wurde auf eine Weise von einer Wirklichkeit berührt, die über die äußere, vordergründige Wirklichkeit hinausgeht. Und diese Erfahrung wollte er, ja musste er in seinen Bildern ausdrücken.

Van Gogh gelangte sozusagen in eine "zweite Welt" und gewann ein "zweites Ich", das über das rein individuelle hinausgetrieben wurde und nichts mehr vom Elend seiner privaten Existenz wusste: „Traurig und doch allzeit fröhlich". (5) In Van Goghs Briefen steht nun mehrmals: „Die Malerei ist eine Heimat". Sie war tatsächlich seine Heimat, die Heimat eines irdisch Heimatlosen.

Von dieser Erfahrung eines tiefen Glücks musste van Gogh, wie jeder Erleuchtete, zeugen. Er musste diese Erfahrung vermitteln, andere damit glücklich machen. So wie die Propheten im alten Israel das Wort verkünden mussten, oft gegen ihren Willen, so musste er malen: getrieben und besessen, in rasender Eile.

Er musste jetzt Bilder schaffen, „die sagen werden, was ich an Heilem und Heilendem in der Landschaft sehe. Ach, wer hier nicht an die Sonne glaubt, der ist gottlos" (6) schreibt er.

Es ist in der Tat das Sonne-Licht-Erlebnis, das van Gogh in direkte Berührung mit dem Transzendenten bringt (hier muss ich einen Augenblick denken an Sonne Ergriffene wie Echnaton und Franz von Assisi und an das wunderschöne Gedicht von Paul Gerhardt). Diese tiefgreifenden Bewusstseinserfahrungen führen van Gogh bis an die Grenzen des Seins und zu einem neuen, schauenden Sehen. Er selbst sagt: „Im Malen ist etwas Unendliches ... und in manchen Augenblicken überkommt mich eine schreckliche Hellsichtigkeit ... dann fühle ich mich selber gar nicht mehr, und die Gemälde kommen mir wie im Traum ... Ich versenke mich dann so tief hinein, dass ich mich gehen lasse, ohne an irgendwelche Regeln zu denken." (7)

Immer wieder hat man versucht, van Goghs Bilder im Zusammenhang mit seiner Krankheit zu sehen, über die Art dieser Krankheit differieren die Meinungen, (Epilepsie? Meniere-Syndrom mit wiederkehrenden Ohrenschmerzen und Schwindelanfällen?). Über eines ist man sich allerdings einig: Verrückt war van Gogh bestimmt nicht. Im Gegenteil: Er war hellwach.

Vincent van Gogh spricht selbst von seiner „leidenschaftlichen Betrachtungsweise", was emotional gesehen sicher richtig ist. Nach näherer Überlegung aber geht m. E. seine Arbeitswut darüber hinaus. Er war ein Getriebener, der ungeheuer rasch arbeitete. Es hat den Anschein - und wahrscheinlich war es wirklich so, dass er seine Inspiration direkt aus "erster Hand" schöpfte. Die Eigenschaft, wodurch sein „horizontales" Leben vollkommen misslang, seine radikale Direktheit, die kein Wenn und Aber und keine Hintergedanken kannte; gerade diese bedeutete Offenheit und Empfangenkönnen nach innen und ermöglichte ihm den kürzesten Weg zu der Quelle „des lebendigen Wassers". Diese Quelle quillt für ihn aus dem Berührtwerden von dem Licht und der Natur. Er ist der Maler des lebendigen Lichtes und seine Bilder sagen uns, dass er es als überwältigende und überweltliche Liebe erfuhr.

„Ich lag in tiefster Todesnacht,
du wurdest meine Sonne.
Die Sonne, die mir zugebracht,
Licht, Leben, Freud und Wonne.
O Sonne, die das werte Licht
des Glaubens in mir zugericht.
Wie schön sind deine Strahlen." (8)

Wahrscheinlich kannte van Gogh diesen Liedvers nicht, was aber darin ausgesagt wird, trifft voll auf ihn zu.

In dieser kurzen Periode schafft er Bilder, die in ihrer „Geladenheit" von dieser „göttlichen Liebe" durchtränkt sind. Sie besitzen eine direkte und fast naive Ausstrahlung. Es ist nicht zu sprechen von einer Art mystischer Entrücktheit; es geht hier um eine fast greifbare Realität, die in uns und um uns lebt. Es gibt eine gewisse Parallelität mit der Zen-Kunst, und auch Frederick Franck gehört zu diesen Künstlern, die uns ganz nüchtern einen Blick der wirklichen Wirklichkeit schenken.

Bei van Gogh geht es - wie auch beim Zen - um Entschleierung, um das Einswerden mit dem Du oder Ding im Augenblick, da der Vorhang reißt.

Ich denke, dass van Goghs geistliche Erfahrungen in zwei Bildern besonders deutlich werden: „Der Sämann", (1888) und „Die Sternennacht", (1889).

Noch einige Gedanken über van Goghs Stil, über die Weise, in der er seine inneren Erfahrungen ausmalte. Er ist der Maler der Farbe, „Farbe drückt durch sich selbst etwas aus", sagt er. Ich glaube, dass seine Genialität darin besteht, dass er auf eine bestimmte Weise mit den Farben, besonders Gelb, Türkis, Orange, Blau umging. So konnte das Mehr durchkommen, mehr als das, was das Auge wahrnimmt. Darüber schreibt er folgendes „Ich male so getreu ich nur kann. Aber damit ist das Gemälde nicht fertig. Um es zu vollenden, steigere ich alle Farben, werde ich eigenmächtiger Kolorist. Ich übertreibe das Gelb, komme zu Orangtönen, zum Chrom, zur hellen Zitronenfarbe." (9)

Das Geheimnis dieses eigenmächtigen Steigerns der Farben vermögen wir nicht zu enthüllen. Eben darin steckt seine Genialität.

Am 27. Juli 1890 - van Gogh war 37 Jahre alt - erschießt er sich. Zwei Tage später stirbt er, friedlich, seine geliebte Pfeife rauchend, Hand in Hand mit seinem Bruder Theo.

Seine letzten Worte lauten „Ich wünschte, nun könnte ich heimgehen."

Das Heimgehen verstehe ich wörtlich, denn was für andere Utopie blieb, das war für ihn Wirklichkeit geworden.

Kehren wir noch einmal zu der Frage zurück, welche Botschaft Vincent van Gogh für uns hat. Eine Botschaft, die uns heute, ein Jahrhundert nach seinem Tod, noch so fasziniert und anspricht. (Sein Erbe besteht aus mehr als 800 Gemälden, 1500 Zeichnungen und 821 Briefen, 668 davon an seinen Bruder Theo).

Auf mich macht van Goghs Leben den Eindruck einer Passions-Geschichte. Obschon er in seinem Werk damals kaum verstanden wurde, war er davon überzeugt, mit seiner Malerei an die Grenzen des Möglichen gestoßen zu sein. Aber dass er etwas Neues, in die Zukunft Weisendes, Hilfreiches und Tröstliches, viel mehr noch: etwas Wahres gesagt hatte, das wusste er auch. Im Wesen ist es eine spirituelle, religiöse Botschaft, die van Gogh uns hinterlassen hat. Seine Religiösität entwickelt sich von einem persönlichen Gott zu einer kosmischen Transzendenz, die er als Licht und Liebe erlebt.

Ist es diese nicht kirchlich gebundene Spiritualität, die heute Menschen zu ihm führt?
Er verkündete durch die Erfahrung des Lichtes die Wahrheit, die Freude des ewigen Lebens mitten in der Traurigkeit. Darin wusste er sich „dem größten Künstler aller Zeiten", Christus, verwandt. So wie Christus Menschen zu lebendigen Menschen machte, sie zur inneren Neugeburt führte, so hat van Gogh in seiner Nachfolge versucht, „ein wenig Trost und Licht zu bringen". Er wollte ein Maler aus dem Volk für das Volk sein.
Alles Elitäre war ihm zuwider: Bilder und Reproduktionen von Bildern sollten hergestellt werden, die etwas Licht in die Häuser der Armen bringen könnten. Wie bei Jesus, so richtete sich seine Botschaft der Liebe besonders an die „Sehnsüchtigen, an alle Bedrückten, alle Erniedrigten und Beleidigten," (10) Vincent van Gogh hat sich nie als Künstler im üblichen Sinne gefühlt und verstanden, son-

dern eher als „halb Mönch, halb Künstler." (11)

Es gibt vielleicht noch einen Grund für das große Interesse an Vincent van Gogh:

In seinem Werk spürt man die Universalität der Schöpfung. Van Gogh zeigt, wo man Gott finden kann: in einem intensiven Erleben, das Ausschau hält nach den Geheimnissen der Welt, vor allem der Natur und der Sonne, die alles Leben schenkt. Eine besondere Beziehung fühlt er auch zu Kornfeldern, Bäumen und Sternen und alltäglichen Dingen wie Schuhen und Stühlen.

Vielleicht gewinnen wir durch seine Bilder ein wenig Kraft und Mut, dem systematischen Morden an der Natur Einhalt zu gebieten, weil auch wir endlich erkannt haben: Auch ich, der Mensch bin Teil der Natur. Das ist van Goghs Überzeugung: Erst die Verbundenheit mit der Natur macht die Menschen wieder menschlich.

Mit seinen Bildern holt er die verschüttete Spiritualität der Schöpfung wieder ins Leben zurück und zeigt uns die Welt und die Gestirne, den einfachen Menschen und das Kind in der Wiege.

Vincent van Gogh hat sich erschossen. Vieles wurde gesagt über das Motiv, das ihn dazu geführt hat.

Ein französischer Schriftsteller sagte: „Dass eine ganze Armee von bösen Wesen nötig waren, um ihn seines Lebens zu berauben."

Er selbst erwähnt in einem kurz vor seinem Tod geschriebenen Brief an seinen Bruder Theo die Möglichkeit aus dem Leben zu scheiden mit dem Grund, dass es „immer wahnsinniger erscheint, dass ich weiter Bilder fabriziere, die uns so viel kosten und nichts einbringen".

Dadurch fühlt er sich zu Tode betrübt, unglücklich und „die Schwermut überkommt mich mit großer Gewalt. Wenn ich Deine Freundschaft nicht hätte, käme es dahin, dass ich ohne Gewissensbisse Selbstmord beginge. Und so feige ich auch bin, schließlich würde ich es doch tun." (12)

Sicher haben die Lebensumstände van Goghs dazu geführt, dass er sich ausgelaugt und leer fühlte. Doch auch folgende Erfahrung ist im

Zusammenhang mit seinem Tod zu sehen:

Vincent besuchte seinen Bruder Theo, dessen Frau und seinen kleinen Neffen Vincent. Dabei spürte er die große Spannung in der Familie und gewann daraus die Überzeugung, eine große Last für sie zu sein. Offensichtlich hat er darunter so schwer gelitten, dass er es nicht mehr ertragen konnte, (La tristesse durera toujours).

Ein weiteres Motiv kann darin gesehen werden, dass van Gogh die Transzendenz-Erfahrung fast nicht mehr aushalten konnte und Angst hatte, vom „göttlichen Feuer verbrannt zu werden".

Ich selbst bin zu dem Schluss gekommen, dass in all diesen Faktoren etwas Wahres ist und mitbestimmend sein kann für sein Tun. Doch glaube ich, dass der eigentliche Punkt noch tiefer liegen kann: Vincent van Gogh hatte seinen Lebensauftrag vollendet. Er war „zurückgekommen".

Jetzt wollte er „heimgehen". Unwillkürlich denke ich dabei an die Worte aus dem Buch Kohelet: „Es hat alles seine Zeit und alles Tun unter dem Himmel hat seine Stunde: Geboren werden hat seine Zeit, Sterben hat seine Zeit ... ." (13)

Vincent van Gogh war ein armer, geplagter Mensch, der aber seine Ohnmacht, seine Nacktheit, seine Nöte und Ängste angenommen und bejaht hatte. Durch diesen Prozess wurde seine Schwäche zur Stärke; zur Stärke vor Gott und für uns: „Meine Gnade genügt dir; denn sie erweist ihre Kraft in der Schwachheit." (14)

Quer durch alles Leid hindurch hat er erfahren, dass ein Ernstmachen mit der Nachfolge Christi Leid aber auch die wesentliche Freiheit des Menschen mit sich bringt. Und das ist, so glaube ich, der Kern seiner Botschaft: „Meine Empfindungen sind immer auf eine Beschäftigung mit der Ewigkeit und dem ewigen Leben gerichtet." (15) „Alle meine Arbeiten nach der Natur sind Kastanien, die ich aus dem Feuer geholt habe." (*Vincent van Gogh in seinen Briefen* an seinen Bruder Theo.)

Bildinterpretation: Der Sämann

Der Sämann (Juli 1888, Arles)

Während seines Aufenthaltes in der Provence malte Vincent van Gogh Sonnenscheiben in seine Bilder, wie malende Kinder es tun. Er füllte sie mit gelber Farbe aus und gelb sind dann auch die Lichtstrahlen, die von dieser Sonnenscheibe ausgehen. Die Sonne erfährt van Gogh als die zum Leben erweckende Quelle, als Christus, als göttliches Sein.

Van Goghs Sämann ist selbst ein ausgesandter Sonnenstrahl. Hinter ihm und über dem Acker steht das gelbe Licht, der Ursprung derjenigen Kraft, die der Sämann in sich als Leben trägt. Vincent empfindet sich als Knecht Gottes, der über den Lebensacker geht, um auszusäen, was er selbst empfangen hat: Leben und Liebe. Denn „Malen ist manchmal wie säen", s.u.

In diesem Bild drückt van Gogh die Nachfolge Christi mit dem Gleichnis aus Matthäus aus:

„Auf guten Boden ist der Samen bei dem gesät, der das Wort hört…er bringt Frucht, hundertfach oder sechzigfach oder dreißigfach." (16)

Es ist sein Credo und die Grundlage seines Schaffens: „Denn was könnte man Besseres lernen als das, was Gott von Natur aus in jede Menschenseele gelegt hat, was im Tiefsten jeder Seele lebt und liebt, hofft und glaubt?" Durch seine Arbeit will er sein wie der Sämann und den Samen des Lichtes säen.

Bildinterpretation: Die Sternennacht

Die Sternennacht (Juni bis September 1889, Saint-Remy)

Eine Interpretation dieses Bildes ist nicht einfach. Es drückt, so vermute ich, eine kosmische alleinende Erfahrung aus. Der Nachthimmel zieht und glüht dahin wie der Klang von Musik. In den Häusern brennt Licht; sie leuchten und antworten wie das Innere eines Menschen auf die Licht- und Farbenfülle, auf die enormen Energieströmungen in der Nacht. Nur die Kirche ist dunkel. -

Die Energiebewegungen schwingen sich in ineinander und auseinanderkreisenden Kurven und Kreisen. Sie könnten Yin und Yang darstellen, die für die Einheit von Dunkel und Licht stehen, für weiblich und männlich, negativ und positiv, Nichtsein und Sein. In der Mitte des Himmels steht als Zeichen der Schöpferkraft und Eins-Werdung ein rundes, geschlossenes und vibrierendes Mysterium.

In diesem Bild - so meint Gabriele Heidecker – „erfuhr van Gogh die Einheit der Gegensätze, die letztendliche Harmonie". (17)

Teil IV: Einführungen in die Meditationsabende

Vierundzwanzig Vorträge aus den Jahren 1994 -1996

Vortrag vom 15.12.1994

Ich werde anfangen mit zwei Zitaten von Edith Stein. Danach den Zyklus fortsetzen, mit dem ich eigentlich beschäftigt bin. Das kommt heute nicht rund, ich brauche im Januar und Februar noch zwei Abende für diese Einführungen, bei denen ich mehr in Einzelheiten versuche, den Prozess der Einkehr zu verfolgen. Dabei ist es unvermeidlich, dass ich auch immer wieder etwas wiederholen muss.

Also, ich fange an mit Edith Stein. Sie spricht über den Glauben und die Erfahrung im Glauben. Das liegt in demselben Feld wie das Thema, mit dem ich beschäftigt bin. Aber wir sollten das nicht miteinander vermischen. Wenn ich jetzt von Gotteserfahrung spreche, steht das im Zusammenhang, ist aber nicht dasselbe.

Hier sagt sie: „Es ist kein bloßes Annehmen der gehörten Glaubensbotschaft, kein bloßes Sich-zuwenden-zu-Gott, den man nur von Hörensagen kennt, sondern ein inneres Berührt werden, und ein Erfahren Gottes, das die Kraft hat, von allen geschaffenen Dingen loszulösen und emporzuheben und zugleich in eine Liebe zu versenken, die ihren Gegenstand nicht kennt." (1)

Auch das zweite Zitat ist kennzeichnend: Es wird von der Seele, also dem Allerinnersten in uns selber gesprochen: „Die Seele muss erst in den Besitz ihres Wesens gelangen und ihr Leben ist der Weg dazu.

Darum ist hier Gestaltung möglich und nötig. Damit aber diese Gestaltung freie Gestaltung sei, nicht unwillkürliches Geschehen, muss sie um sich selbst wissen und zu sich selbst Stellung nehmen können. Die Seele muss in einem doppelten Sinn „zu sich selbst kommen", sich selbst erkennen und werden, was sie sein soll. An beidem hat ihre Freiheit Anteil." (2)

Hier wird also auch die Erfahrung betont, und die Erfahrung im doppelten Sinne, im Sinne von sich selbst erkennen, aber auch selbst werden.

Bei dieser Meditation geht es eigentlich immer um dasselbe Thema. Ganz einfach gesagt geht es darum, dass die innere Einkehr der Weg ist zum Freimachen des Seins i n u n s, es ist der Weg zur Freiheit.

Es gibt bestimmte physische Voraussetzungen und Bedingungen. Hilfreich können z.B. die vorbereitenden Leibesübungen sein, die Monika Becker mit der Gruppe macht. Aber auch, wenn wir alleine alltäglich üben, ist es sehr wünschenswert, einige Lockerungs-, Entspannungsübungen zu machen, damit wir besser imstande sind, die Erfahrung des Unterschieds zu machen: Ich bin der Leib, der ich bin und nicht nur der Leib, den ich habe.

Bezüglich der Meditationsweise:
Wir üben die ungegenständliche Meditation. Es geht dabei besonders um das Folgen, Verfolgen der Atmungsbewegung. Das aufmerksame Wahrnehmen und Folgen soll sich immer wiederholen. Es ist nicht genug, dass wir einmal die Einatmung und Ausatmung verfolgen, sondern immer wieder. Daraus ergibt sich ein bestimmter Prozess, den ich kurz andeuten werde.

Es gibt die Phase des sich Loslassens, Sinkenlassens, dann die Phase des Leerwerdens, wobei man innerlich freikommt von allem, was mit unserer Haben-Verfassung zu tun hat. Es folgt die Phase des sich Füllen-lassens und als letzte die Phase des sich neu Orientierens. Dürckheim nennt es „sich wieder neu kommen lassen".

Wir haben auch einige vorläufige "Ergebnisse" erwähnt. Es gibt das

Stadium, in dem eine große, tiefe Ruhe in uns wächst, eine Lockerung, leiblich und psychisch und eine Freiwerdung, die auf dem Weg zum Leerwerden freimacht.

Begleitende Erlebnisse: Durch diese Ruhe und Lockerung erfahren wir bestimmte Glücksgefühle. Wir fühlen uns gut, wir spüren tiefes Wohlbefinden. Aber nicht nur Glücksgefühle begleiten uns. Es gibt auch störende Ablenkungen, die zum Teil im Zusammenhang stehen mit Angst und mit Gefühlen, die alles andere als behaglich sind.

Wir sind das nicht gewohnt, unser Ich widersetzt sich. Dann ist es wichtig zu wissen, wie man damit umgehen kann/muss. Es gibt eigentlich nur ein Mittel, das wirklich effektiv ist, das ist nämlich: nicht darauf eingehen. Nicht eingehen auf die Störungen, nicht grübeln... sondern einfach versuchen zu erleiden und nicht zu verdrängen. Die Ängste also, die man vielleicht erfährt, die Störungen, die Ablenkungen einfach lassen, geschehen lassen, nicht wegschieben, aber auch nicht z.B. denken: „Wie kommt das eigentlich?" oder „Was steckt dahinter?"

Nein, nicht analysieren, sondern weiter atmen und der Atmung folgen. Man soll in seinem Atmungsprozess versuchen, den Anschluss wiederzufinden mit der sogenannten langen Atmung in sich. Es gibt ja eine bestimmte Wellenlänge, die langsam und lang ist und die sich während dieses Folgens zeigt. Damit Verbindung zu bekommen und zu behalten, das ist eigentlich das Einzige, woran man wohl festhalten muss.

Im Übrigen: Eine leichte Aufgabe ist es oft nicht. Der Widerstand ist hartnäckig.

Nochmals, es geht hier, wenn wir in die Phase des Leer- und Freiwerdens kommen darum, dass wir dieser Atmungsbewegung folgen und dadurch immer freier werden von jeder Ich-Haftung. Es ist ziemlich einfach das so zu sagen, aber in Wirklichkeit ist das eine schwierige, manchmal etwas komplizierte und auch geheimnisvolle Sache. Offensichtlich verbirgt sich innerhalb der Atmung eine transzendierte Potenz.

Es gibt Momente in unserem Versenkungsprozess, wo wir meinen, dass wir nicht mehr denken. Aber schon wenn man das denkt - denkt man. Und es gibt verborgene, ganz leise Bewegungen in uns, die unbewusst sind und loslassen verhindern. Diese sehr feinen, fast verschollenen, fast ungreifbaren Gefühlsbewegungen müssen ertappt werden. Aber wie? Meines Erachtens nur so: Man bekommt ein bestimmtes Feeling, ein bestimmtes Gespür dafür, dass, obschon ich schon ziemlich zufrieden bin, doch noch etwas in mir losgelassen werden muss. Diese Erfahrung genügt. Man hat gelernt, genug Geduld zu haben, auch diese geheimnisvollen verborgenen Dinge zu entdecken und zu ertappen. Geduld, um echte Geduld geht es.

Die Leere, das totale Freikommen von jeder Ich-Haftung, das ist eine Erfahrung, die ich nicht beschreiben kann. Man erfährt es einfach. Es ist ein typisch kritischer Moment, wobei ich innerlich, ohne dass ich darüber zu reflektieren brauche, weiß, dass ich frei bin. Es ist eine Evidenz.

Es geschieht in dieser Situation, (es ist im Übrigen sehr persönlich) wenn man in der Nähe ist vom wirklichen Leerwerden, dass Menschen, die dazu eine bestimmte Anlage haben, plötzlich von schönen Bildern, Visionen sogar, oder schönen Worten überfallen werden. Und die können so bezaubernd sein, so faszinierend, dass man fast gegen seinen Willen doch daran haften möchte. Aber auch diese Bilder usw. muss man ertappen und nicht darauf eingehen. Es gibt einige Ausnahmen. Es gibt in diesen aber auch späteren innerlichen Situationen Momente, in denen sich sehr deutlich ein Symbol zeichnet. Natürlich geht es auch hier nicht darum, dass ich das festhalte, aber wohl, dass ich angesprochen werde und dass man dieses Symbol auf sich einwirken lässt, ohne dass man nach seiner Bedeutung sucht. Wenn man sozusagen "zurückgekommen" ist in den Alltag und sich an das Symbol erinnert, (was nicht immer der Fall ist, so wie nach einem Traum) dann kann man vielleicht im Nachhinein versuchen nachzudenken, und sich zu fragen: „Was bedeutet dieses Symbol?" Sonst geht es immer darum, zu erleben ohne zu analysieren.

Das, was ich eigentlich jetzt andeuten möchte, lässt sich noch weniger als das Vorhergehende in Worte fassen. Es ist der Prozess von

Gefülltwerden, Berührtwerden, Geführtwerden. Das fängt schon an, wenn man in seinem inneren Bewusstsein bemerkt, dass sich in uns etwas verschiebt. Das ist wirklich eine Art Verschiebung in meiner Wahrnehmung, in meinem Gewahrwerden von dem, was in mir geschieht. Ich merke, dass ich loslasse und dass ich folge. Das Ich sitzt nicht mehr am Steuer, es wird mir nicht mehr gezeigt: „Das und das musst du tun oder nicht tun", nein, ich bin passiv: Vollkommen bewusst bin ich in meinem Dasein und folge, folge einfach diesem Ariadne-Faden, folge dieser langen, langen Atmungswelle, die mich einatmen lässt und ausatmen lässt und immer mehr mich ein Teil werden lässt von der inneren Wirklichkeit dieser Atmung.

Es gibt dann einen bestimmten inneren Stoß, einen sanften Stoß, oder auch einen gewaltigen, einen massiven oder radikalen Stoß, bei dem ich erfahre: Ich werde geliebt, ich lebe, ich bin. Noch tiefer erfahrbar: Ich bin in einem Sein, das nicht in meiner Hand ist.

Dürckheim spricht hier von einer Seins-Fühlung. Wenn dieses Sein sich in mir einnistet, horizontal und vertikal, dann bin ich an einem Punkt, bei dem ich im Nachhinein sagen kann: Das ist meine Ich-bin-Erfahrung. Nicht mehr: Ich habe, nicht mehr: Ich steuere, aber: Ich bin Teil eines kosmischen Sein, und ich erfahre es ganz bewusst.

Da gibt es tatsächlich keine zwei Menschen, bei denen diese Erfahrung genau dieselbe ist.

Ganz grob gesagt, gibt es die Erfahrung wie bei Vincent van Gogh, eine sehr starke und massive Seins-Erfahrung, die sich bei ihm unmittelbar äußern muss. Er musste sie unmittelbar in Farbe umsetzen und in sein Malen. Wenn man sich etwas in sein Leben vertieft hat, dann ist es ungeheuer auffallend, wie er besonders im letzten Teil seines Lebens mit einer ungeheuren Schnelligkeit malte, das ging rasend schnell. Er barst. Er hielt das fast nicht aus.

Dag Hammarskjöld (ehemaliger Sekretär der UNO) notierte in seinem berühmten Tagebuch, wie er "mitgeschleudert" (3) wurde, Es gibt auch die ganz leise und langsame Einnistung: Berührt-werden. Ein sehr schönes Beispiel davon finden wir im Ersten Testament. Elia erfährt in einem bestimmten Moment seines Lebens folgendes: „Jahwe war nicht im Sturm, nicht im Erdbeben und nicht im Feuer, sondern in einem sanften leisen Säuseln." (4)

Das ist ungeheuer schön, dieser langsame und sehr sanfte Prozess. Was nicht bedeutet, dass Elia ein gutes Beispiel dafür ist, danach ein weicher Mensch zu sein. Im Gegenteil, nach dieser Erfahrung ist die Auswirkung bei Elia fast so wie bei Vincent van Gogh. In seinem Tun und seinem Auftreten, politisch und im Umgang mit Königen und Generälen ist er ein ungeheuer tatkräftiger Mensch mit einer ganz großen Ausstrahlung.

Diese "Ich bin"-Erfahrung bedeutet, dass ich gefüllt werde mit einer Qualität, bei der meine Gabe, die ich bekommen habe und mit der ich etwas tun kann, was ich nach außen hin äußern und umsetzen kann, im Dienste dieser Qualität steht, im Dienst an diesem Sein.

So eine Seins-Erfahrung bedeutet einen Durchbruch. Dürckheim hat in diesem Sinne ein Buch geschrieben: „Durchbruch zum Wesen". Diese Erfahrung durchbricht meine Ich-Verfassung und zwar auf eine Weise, wobei eine Umkehr in mir stattfindet. Das Sein in mir, das Wesen in mir ist wach geworden und das Ich, das vorher mich steuerte, steht dann im Dienste von diesem Selbst. Und das Selbst ist der Ausdruck meines Seins.

Ich möchte darüber einige Bemerkungen machen:
Erstens: Ich wiederhole, diese Erfahrung ist ominös. Es ist ein Tremendum, man zittert, weil es mich vollkommen durcheinander schiebt. Diese Erfahrung ist eine existenzielle kosmische Seins-Erfahrung, eine existenzielle, das heißt eine Erfahrung, eine Seins-Erfahrung, die mir die Wurzel der tiefsten Qualität meines Daseins offenbart.

Ich glaube, man kann sagen, dass es hier eine Verbindung mit einer möglichen Gotteserfahrung gibt. Aber es ist an sich n i c h t eine Gotteserfahrung, es ist eine Erfahrung, wobei man sicher sagen kann, dass es eine Gnade ist. Man erfährt eine ungeheuer große Freude, man erfährt, dass hier etwas vom sogenannten großen Leben, vom ewigen Leben, da ist. Ob in dieser Erfahrung Gott zu mir sprechen wird, das ist eine andere Sache. Das kann geschehen, aber es muss nicht so sein.

Aber wenn es geschieht, dann ist das eine mystische Erfahrung. Das Göttliche in mir spricht - oder hört zu. Aber wenn wirklich von einer Verbindung, von einer Gotteserfahrung gesprochen werden kann, dann ist das etwas, das mich auch nicht nur umstürzt, aber wo ich sicher sein darf: Hier werde ich angesprochen mit einer Stimme, die von einem absoluten Wesen kommt, vom absoluten Geist, die über oder durch dieses Sein hindurchgeht. Der große amerikanische Psychologe und Psychotherapeut Maslow spricht hier von einem "Peak as experience", einer Gipfelerfahrung, wobei er viele Vorbilder und Beispiele in seinem Buch darüber erwähnt. Er zeigt, dass auch in einem anderen Kontext wie bei der Meditation ein Mensch ergriffen werden kann und dieselbe tiefe Seins-Erfahrung erfährt. Das kann sein im Augenblick großer Freude, sehr großer, glücklicher Freude, es kann auch sein im Augenblicke großer Not z. B. im Zusammenhang mit Krankheit. Nebenbei gesagt, vielmehr als wir das meinen und denken, ist besonders die Zeit der Pubertät und des jungen Erwachsensein die Periode, in der solche Erfahrungen öfters spontan entstehen können.

Mit dieser Durchbrucherfahrung kann auf verschiedene Weise umgegangen werden. Ich erwähne drei Möglichkeiten:

- Man kann sie vergessen. Das geschieht leider ziemlich oft. Auch Edith Stein spricht darüber, dass man nach einiger Zeit, in der man einmal bestürzt war, in seine alte Ichheit wieder zurückkehrt. Das ist eine Möglichkeit.
- Die zweite ist, dass man so stolz ist, dass man meint: Ich habe es jetzt gefunden, ich bin soweit. Man wird zu arrogant, zu selbstsicher und ein unmöglicher Mensch.
- Die dritte, darüber möchte ich das nächste Mal mehr sagen, das ist, dass in dieser Durchbrucherfahrung noch etwas mehr geschehen muss, damit man auf die richtige Weise damit weiter umgehen kann.

Zum Schluss möchte ich noch eine persönliche Erfahrung erzählen, wie Dürckheim mit mir umgegangen ist, als ich ihm von einer tiefen

Erfahrung erzählte, die ich in Rütte bei der Meditation erfuhr. Ich sagte es und ich war ziemlich aufgeregt. Er saß da und war so still, wie ich ihn fast nie erlebt habe. Er sagte überhaupt nichts und ich wusste mir keinen Rat und dachte: Was ist da falsch? Habe ich etwas erzählt, was nicht ganz richtig ist, habe ich mir vielleicht selber etwas vorgemacht? Weil Dürckheim sah, dass ich eigentlich Schwierigkeiten hatte, mit ihm weiterzusprechen, sagte er nur: „Und?" Und dann wusste ich nicht, was ich tun sollte. Was tut man mit einem Wort: „Und" dann wiederholte er es wieder: „Und?" Und da wusste ich es und ich sagte: „die Verantwortung." „O.K.", sagte er.

Darüber werde ich das nächste Mal sprechen.

Vortrag vom 02.02.1995

Diese Einführungen bilden einen Zyklus: Die eine Einführung hat mit der nächsten einen direkten Zusammenhang; zum Teil ist es auch eine Wiederholung.

Ich habe gesagt, dass es nicht genug ist, wie schön es auch sein mag, wenn man den Durchbruch erfährt, d.h. ein Durchbruch durch sich hindurch. Aber, nochmals, es ist nicht genug. Das habe ich versucht zu illustrieren mit dem Gespräch, das ich nach solch einem Durchbruch mit Graf Dürckheim hatte. Sein Schweigen war beredt.

Ich habe irgendwo von Ernst Bloch ein schönes und ganz kurzes Zitat gefunden, wobei er genau das ausdrückt, was ich meine: „Ich bin, aber ich habe mich nicht, darum werde ich erst." (5)

„Ich bin ..." - das ist diese kolossale Erfahrung, wenn man in Berührung und Verbindung gekommen ist mit seinem Wesen, mit seinem Sein.

„Ich habe mich nicht ..." - es geht nicht nur um diese Erfahrung und um diese Berührung durch das Wesen. Es gibt ein Mehr, und das, was mehr ist, das muss auch aus meiner allertiefsten Schicht nach oben kommen. Ich glaube, man kann das in zwei Worten zusammenfassen: Verantwortung und Liebe.

Bei Dürckheim habe ich gesagt, ich habe eine Verantwortung, da war das o.k. Aber aufgrund wovon habe ich eine Verantwortung? Ich denke, es gibt zwei deutliche Antworten. Das eine ist, dass diese Erfahrung etwas so "Heiliges" ist, etwas so Erschütterndes, dass man spontan in sich fühlt: Ich möchte das teilen, ich möchte andere damit auch in Berührung bringen, wecken sozusagen. Das ist der eine Grund. Der andere ist im selben Feld: Es entsteht in mir ein sehr starkes Gefühl der Verbindung mit allem, was besteht, mit Mensch, mit Tier, mit Pflanzen, mit der ganzen Erde. Ein ungeheures "Liebe-Gefühl" entsteht. Ich habe in diesem Kreis einmal ein Beispiel genannt von Thomas Merton, wie er nach so einer Durchbrucherfahrung mitten auf einer Straße in New York, plötzlich mitten in all diesen Menschen rief: „Ich liebe Euch!". Das war keine romantische Äußerung, das ging bis ins Allertiefste, was sich dann auch deutlich darin zeigte, wie er das Erlebte in der Praxis umsetzte.

Erst dann, wenn auch diese zweite Dimension in mir freikommt und deutlich wird, ist die Rede von einem Anfang, von Umkehr und von Umkehrung. Und wenn ich an Umkehr und Umkehrung denke, dann gehört dazu, dass das Verhältnis zwischen meinem alltäglichen Ich und meinem tieferen Ich umgekehrt wird. Nicht das Leisten nach außen hin ist mehr Nummer 1, sondern, dass diese Fähigkeiten, die mir gegeben sind und mit denen ich mich bewähren muss, in den Dienst meines Wesens gebracht werden.

Daher gibt es einen sehr deutlichen Unterschied zwischen diesen beiden Atmosphären: der Ich-Atmosphäre - Dürckheim würde sagen: der kleinen Ich-Atmosphäre - und der Welt und meinem tieferen Ich. Das wird sehr deutlich in dem kleinen Büchlein von Erich Fromm: „Haben und Sein". Beim Haben, beim Leisten, beim Sich-bewähren, da bin ich in der alten Welt. Wenn in mir das Bedürfnis entsteht und immer wärmer wird, zu dienen, zu geben, zu wecken, dann steht mein Leben im Zeichen der Wandlung. Man kann auch sagen, das, was ich in der bestürzenden Erfahrung des Durchbruchs erlebt habe, muss gefestigt und konkret gemacht werden. Und dafür steht die Leistung und meine Möglichkeit in meiner Umwelt zur Verfügung. Dadurch, und das ist ein Wunder, kommt fast von selbst ein sehr starkes Gefühl auf, dass mein Leben so wie es ist, sinnvoll ist. Dann kann man diese Suche nach dem Sinn im Leben aufgeben. Die zeigt sich ja von selbst, von sehr tief in mir.

Nun ist das eine ungeheure Aufgabe, eine schwere Aufgabe, weil sie nicht so einfach ist. Es ist alles andere als eine romantische Aufgabe, die sich aus einem Guss erfüllen lässt. Man sieht tatsächlich mit anderen Augen. Aber es besteht auch die Gefahr, dass im Laufe der Zeit das Verhalten im Zeichen von Sein immer schwächer wird. Darüber habe ich schon vorher etwas gesagt. Eine der Gefahren in der Meditation ist, dass man schon mit diesem Durchbruch zufrieden ist.

Es geht tatsächlich darum, dass es im Alltag meines Lebens in der Welt konkret gemacht wird. Und warum ist das so schwierig, während ich doch andererseits eine so gewaltige Erfahrung gemacht habe? Es ist daher so schwierig, weil meistens nicht nur die Umwelt im Zeichen des Ich steht, mit der ich umgehen lernen muss, sondern ich selber auch. Ein kleines Beispiel: ein Umzug. Ein wirklicher Umzug hat mit einer Veränderung und Verwandlung zu tun. Sich in einer völlig neuen Umgebung zu Hause zu fühlen, fordert ein Hineinwachsen in diese neue Umgebung und in ein neues Sein. Und das vollzieht sich nicht ohne Reibungen mit alten Widerständen.

Wir tragen, figürlich gesprochen, die alten Kleider noch ein bisschen mit, während wir uns in unserem neuen Kleid erst allmählich zu Hause fühlen können. Für mich ist es sehr wichtig gewesen, dass ich in dieser Entwicklung und diesem Änderungsprozess, wobei das Sein immer wieder gefährdet wird, Vorbilder habe, dass ich Menschen kenne, durch die ich eine Art Inspiration und Ermutigung erlebe. Das hat zu tun mit Dunkelheit und Finsternis.

Jeder von Euch kennt den Ausdruck in der Bibel: „Die Finsternis hat das Licht nicht begriffen." (6) Die Finsternis hat es nicht begriffen. Und das ist das Tragische bei vielen Lichtträgern, dass oft diese Finsternis die Welt und die Menschen nicht ertragen konnte und sogar solche Lichtmenschen töteten. Ich denke hierbei natürlich an Jesus, aber ich denke, auch in unserer Zeit an jemanden wie Gandhi - er wurde ermordet. Dag Hammarskjöld sehr wahrscheinlich auch, Saddat, Romero ... so kann man weiter gehen. Es gibt auch Menschen, die nicht getötet, aber beiseitegeschoben oder an den Rand gedrängt werden. Sie werden isoliert. Das ist mehrmals geschehen, muss ich leider sagen, auch im kirchlichen Bereich. Es gibt viele, viele Vorbilder von denen man sagen kann: Hier ist wirklich ein "Heiliger", ein Mystiker, und die dann doch verbannt und mundtot gemacht worden sind. Einer von diesen Leuten war Meister Eckehart.

Wir, die wir hier zusammen sind, haben sicher auch zu tun mit dieser „Finsternis" in uns selbst und vielleicht auch von außen her. Ich möchte daher nochmals betonen wie wichtig es ist, jeden Tag seine persönliche Verbindung zu stimulieren durch die Meditation, wodurch diese Verbindung warmgehalten werden kann. Ich möchte jetzt enden mit einer Art Nachwort zu dem berühmten Meditationsgebet von Dag Hammarskjöld:

„Die längste Reise ist die nach innen."

„Und nun öffne ich meine Augen, um dich in der Welt der Dinge und Menschen zu schauen. Ich nehme die Verantwortung für meine Zukunft wieder auf mich. Ich nehme meine Pläne, meine Sorgen, meine Ängste wieder auf, ich ergreife aufs Neue den Pflug. Aber nun weiß ich, dass deine Hand über der meinen liegt und ihn mit der meinen ergreift. Mit neuer Kraft trete ich die Reise nach außen wieder an, nicht mehr allein, sondern mit dem Schöpfer als Partner." (7)

Vortrag vom 16.02.1995

In diesem Zyklus bin ich jetzt soweit, dass ich einiges über die konkrete Verwirklichung der meditativen Erfahrungen, die vielleicht wohl schwierigste Aufgabe der Praxis, sagen möchte. Diese Praxis ist keine romantische Sache; sie ereignet sich nicht aus einem Guss, auch Begabte wie van Gogh, Thomas Merton, Händel, Elya und viele andere Berufene suchten lange Zeit und erfuhren schwierige Perioden der Verzweiflung und der Angst zu versagen.

Dem Alltagsmenschen werden solche Erfahrungen ebenfalls nicht erspart. Es ist wirklich schwierig, die immer wieder auftauchenden Widerstände zu überwinden. Enttäuschende Rückfälle sind normal:

Es geht hier um die Problematik der "halben Wege". Durch die Meditation mit ihren sogenannten "kleinen Durchbrüchen" kann sich eine gewisse Reifung ereignen, die uns bestimmte tiefere Einsichten gewährt hinsichtlich der alltäglichen Realität. Wir erahnen, dass diese Realität nicht "alles" ist und dass es eine tiefere Lebensdimension gibt. Lesenswerte und hilfreiche Beiträge dazu von u.a. Heinrich Böll, Walter Jens, Adolf Muschg, Kurt Marti und Martin Walser. (8)

Sicher sind solche Einsichten wertvoll, ermutigend, sie machen unser Leben milder und erträglicher. Aber wenn es dabei bleibt, dann ist das die halbe Wegroute. Dann haben wir uns angepasst und eine Art Kompromiss geschlossen, sowohl mit der "Finsternis" in uns selber als auch mit der der äußeren Welt. Dann bleibt es halbdunkel und es besteht die Gefahr der Verschwommenheit und Verflachung. Uns hat der Strudel des Alltags am langen Hebel gezogen - was tun? Wir brauchen, abgesehen von der täglichen Übung, dringend Stütze, eine Referenz, einen Rahmen, mehr noch: eine verlässliche tiefe Lebensanschauung, ja, ein religiöses Vertrauen.

Graf Dürckheim hat ein Büchlein geschrieben, das uns helfen kann: „Vom doppelten Ursprung des Menschen". Darin spricht er explizit aus, was sonst oft implizit blieb. Wir müssen lernen, diese Vision des doppelten Ursprungs ernst zu nehmen. Die sogenannte „Ahnungs-Einsicht" ist der erste Schritt, die geistige Dimension ernst zu nehmen. Die weitere Auseinandersetzung führt aufgrund dieser Erfahrung zu der Schlussfolgerung, dass in der Welt und in uns grundsätzlich von zwei Aspekten die Rede ist: dem Haben-Aspekt, der weitaus dominiert und dem Seins-Aspekt, der fast verborgen, aber wesentlicher Art ist, der in seiner Erscheinung Ausnahme zu sein scheint und suspekt ist für die Ich-Welt. Das heißt, wir müssen den Mut aufbringen, als Oasebewohner in der Wüste zu leben, oder anders gesagt: die Oase, die einsame Ausnahme anzunehmen als dennoch das, worauf es ankommt, auch wenn die große Mehrheit es anders sieht.

Das ist eine unbehagliche, aber unentrinnbare Konsequenz. So lässt sich auch der zähe Widerstand gegen eine radikale Umkehrung erklären. Es ist nicht leicht, alleine zu stehen, in Demut Ausnahme zu sein (Ich denke hierbei auch an die umwälzende Auswirkung von

Beinahe-Toderfahrungen).
Es geht hier nicht um große Taten in der großen Weltwirklichkeit. Es geht um uns kleine Menschen im kleinen Alltag. Aber darin geht es um die zwar kleine, aber radikale Umkehr.

Eine Umkehr, deren Erfahrung an und für sich groß ist, die uns ganz durchzieht und nicht halbwegs steckenbleibt. Es geht um das Konkret-werden-lassen der Meditation und besonders der Durchbrucherfahrung in uns selbst in der alltäglichen Welt. Sie führt i n die Welt.

Die Widerstände, die uns den Weg versperren, sind deshalb so hartnäckig, weil sie aus tiefen Schichten unserer Seele stammen, in der besonders drei Ängste uns belästigen: die Angst vor dem Tod (Endlichkeit), vor der Einsamkeit (Verlassenheit) und vor dem scheinbaren Widersinn, vor der Absurdität des Lebens (Sinnlosigkeit). (Dürckheim: drei Grundnöte). Alle drei kreisen um das Ich, das coûte que coûte versucht sich zu bewähren. Coûte que coûte um jeden Preis. Erst wenn man die Quelle des Seins eröffnet, kann das lebendige Wasser, das daraus strömt, uns frei machen und unser Leben aus der Finsternis der Todesangst, der Verlassenheit und der Sinnlosigkeit befreien.

Unsere tägliche Meditationsübung und neue Lebensanschauung können uns dabei große Hilfe sein. Der Rest ist Gott und Gnade.

Mit zwei kurzen Zitaten möchte ich schließen:

„Es ist die Aufgabe eines jeden Menschen, zu sich selbst zu kommen, das innerste Wesen seines Ichs zu entdecken. Das geistig Innerste der Seele übersteigt die Materie und trägt von innen her das ganze Leben." (9)

„Herr, mach meinem halben Leben ein Ende, der halben Freiheit und der halben Güte. Gib mir dich selbst, so bin ich frei." (10)

Vortrag vom 02.03.1995

Zen Anekdote: Wenn ich stehe ...

Ein in Meditation erfahrener Mann wurde einmal gefragt, warum er trotz seiner vielen Beschäftigungen immer so gesammelt sein könne. Dieser sagte:

Wenn ich stehe, dann stehe ich,
wenn ich gehe, dann gehe ich,
wenn ich sitze, dann sitze ich,
wenn ich esse, dann esse ich,
wenn ich spreche, dann spreche ich ...

Da fielen ihm die Fragesteller ins Wort und sagten:
Das tun wir auch, aber was machst du darüber hinaus?

Er sagte wiederum:
Wenn ich stehe, dann stehe ich,
wenn ich gehe, dann gehe ich,
wenn ich sitze, dann sitze ich,
wenn ich esse, dann esse ich,
wenn ich spreche, dann spreche ich ...

Wieder sagten die Leute: Das tun wir doch auch. Er aber sagte zu ihnen:
Nein, wenn ihr sitzt, dann steht ihr schon,
wenn ihr steht, dann lauft ihr schon,
wenn ihr lauft, dann seid ihr schon am Ziel.

(Autor unbekannt. Es wird vermutet dass diese Aussage inspiriert ist von einem Sutra über die Aufrechterhaltung von Achtsamkeit.)

Die Zen-Anekdote, mit der ich heute anfange, besagt in knapper Form, was zu dem heutigen Thema, der Praxis des Tuns, gesagt werden kann. Erkennen wir uns nicht, wie wir uns oftmals genauso zerstreut verhalten wie die Fragesteller in dieser Geschichte? - In ihrem lebendig geschriebenen Büchlein „Zen im Alltag" bemerkt Frau Beck, nachdem sie einen Dokumentarfilm über Mutter Teresa gesehen hatte, wie diese ihre riesige Arbeit nur schaffen konnte, weil sie einfach immer in voller Hingabe das Nächstliegende tat und in jeder

Zen und Mystik

Aufgabe vollkommen aufging, meines Erachtens eine deutliche Illustration der Zen-Anekdote. –

Das ist auch unsere Aufgabe, das, was wir in unserem Leben und in unseren Lebensumständen tun, von ganzem Herzen zu tun. Zu oft steht dieses Tun im Zeichen von: Ich will, ich soll, ich muss, ich brauche. Dieses eigene Wollen durchdringt dann jede Körperzelle und zerstreut unser Tun. Auf diese Weise aber verpassen wir unser Leben, weil wir nicht voll leben, nicht voll dabei sind, bei dem, was wir tun.

Es geht darum, zu lernen, dem Ruf zu folgen, der aus der meditativen Seite kommt, und in diesem Sinn unserem Tun den Stempel einer "Berufung" zu verleihen, so bescheiden dieses Tun auch sein mag. Das ist das Nichttun im Tun, worüber Laotse spricht. Schon die Übung des Kinhin ist ein kleiner erster Schritt in diesen Geist.

Ich erwähne oben das Wort Übung - und so ist es auch: Wir müssen diese Kunst von Anfang an lernen. In diesem Lernprozess gibt es hochgestimmte Leitfäden, die uns geistige Hinweise geben, es gibt auch besondere hochentwickelte Übungen und eine Menge einfache Grundübungen. Zu der ersten Kategorie gehören zum Beispiel die Seligpreisungen und die damit verbundenen Tugenden, zu der zweiten solche Seins-Künste wie Tai Chi, Ikebana, Bogenschießen, Teezeremonie.

Ich möchte die sogenannten Basisübungen stärken und betonen und dabei auch Hinweise auf bestimmte Bedingungen geben, die sich auf alle drei Kategorien beziehen. Damit werde ich mich beim nächsten Mal beschäftigen; für heute beschränke ich mich auf einige ganz allgemeine Richtlinien: Wir müssen lernen, in all unserem Tun die Verbindung mit unserem Sein lebendig zu halten. Das ist nur möglich, wenn wir dieses Tun ganz verrichten, ganz dabei sind und bleiben. Es kann gelingen, wenn wir uns im Jetzt sammeln. Die Verbindung mit der Atmung ist in diesem Kontext notwendig. Zu den allgemeinen Voraussetzungen, um dieses alles zu ermöglichen, gehören:

- am Anfang: innehalten, um zu sich zu kommen

- Zeit, um sich zu erreichen
- Geduld, um sich zu öffnen

Ich schließe ab mit einem eindringlichen Gebet von Jörg Zink, das zeigt, wie auch in einem Gebet die Verbindung mit dem Sein von existenzieller Bedeutung sein kann.

Ich lasse mich dir, Herr, und bitte dich:
Mach ein Ende aller Unrast.
Meinen Willen lasse ich dir.
Ich glaube nicht mehr, dass ich selbst
verantworten kann,
was ich tue und was durch mich geschieht.
Führe du mich und zeige mir deinen Willen.
Meine Gedanken lasse ich dir.
Ich glaube nicht mehr, dass ich so klug bin,
mich selbst zu verstehen,
dieses ganze Leben oder die Menschen.
Lehre mich deine Gedanken denken.

Meine Pläne lasse ich dir. . .
Ich glaube nicht mehr, dass mein Leben
seinen Sinn findet
in dem, was ich erreiche von meinen Plänen.
Ich vertraue mich deinem Plan an,
denn du kennst mich.

Meine Sorgen um andere Menschen lasse ich dir.
Ich glaube nicht mehr,
dass ich mit meinen Sorgen irgendetwas bessere.
Das liegt allein bei dir. Wozu soll ich mich sorgen?
Die Angst vor der Übermacht der anderen
lasse ich dir.
Du warst wehrlos zwischen den Mächtigen.
Die Mächtigen sind untergegangen. Du lebst.

Meine Furcht vor meinem eigenen Versagen

lasse ich dir.
Ich brauche kein erfolgreicher Mensch zu sein,
wenn ich ein gesegneter Mensch sein soll
nach deinem Willen.

Alle ungelösten Fragen, alle Mühe mit mir selbst,
alle verkrampften Hoffnungen lasse ich dir.
Ich gebe es auf, gegen verschlossene Türen
zu rennen
und warte auf dich. Du wirst sie öffnen.

Ich lasse mich dir. Ich gehöre dir, Herr.
Du hast mich in deiner guten Hand. Ich danke dir. (11)

Vortrag vom 16.03.1995

Ich wiederhole einen Ausspruch, mit dem ich diesen Zyklus Anfang September als Ausgangswort und Leitfaden begonnen habe:
„Wandelt euch, so werdet ihr leben."(12)
Ich unterstreiche das Wort leben, das heißt wahrlich leben, sein. Das Innerste unserer Seele (unseres Wesens) trägt unser vergängliches Sein, unser Ich. Wir haben gesehen, dass es in unserer irdischen Existenz letztendlich darum geht, dass unser Wesen aus der Verborgenheit freikommt und wie die Meditationsübung dazu den Weg öffnen kann. Es ist der Weg des Ich-Loslassens. Dieser Weg ist ein schwieriger, öfter ein schmerzlicher Weg, verbunden mit Ängsten und Rückfällen, weil unsere Ich-Einstellung in die gegensätzliche Richtung geht, uns beherrscht und sich mit Händen und Füßen dem Loslassen widersetzt. - Wer aber den meditativen Weg ernstgenommen hat, wird durch die Berührung seines Wesens in der Freiheit seines Daseins etwas von dem Sinn seines Lebens erfahren. Ja, er wird etwas spüren von den Mysterien des wahrlichen Lebens. Er wird vom Grunde aus verwandelt. Jetzt weiß er, aber es ist nicht möglich, dieses Seins-Wissen genauer anzugeben. Das brennende Leben bleibt ein Tremendum, ein Geheimnis. Seine Sinnesorgane sind nicht ausgelöscht, sondern wirken anders: Er sieht dieselben Dinge mit ande-

ren, mit schauenden Augen, sein Hören wird Horchen, sein Fühlen Spüren. Und so ist es auch mit dem Tun, mit seinem Handeln. Das Leisten wird schöpferisches Handeln. Wir sind ja durch und durch von dem Ichhabitus imprägniert. Natürlich vollzieht sich die Verwandlung nicht auf einmal. So wie das unbewegliche stille Sitzen für den Wandlungsprozess eine passive meditative Vorbereitung bedeutet, so gibt es dazu auch im aktiven Tun eine Vorbereitung. Das aktive Tun hat eine doppelte Bedeutung. Es ist notwendig, damit das, was im Sitzen in uns wächst und reift, nicht verwischt wird von dem Strudel, der Eile und dem Lärm des Alltags. Und dass diese stark und verführerisch sind, ist bestimmt kein Geheimnis für uns. Das Tun hilft der Integration, dem Einverleiben und: Das wahrhaft meditative Tun kann an und für sich auch das Sein in uns wecken.

Der sehr bekannte amerikanisch-holländische Künstler Frederik Franck ist ein glänzendes Beispiel dafür, wie aus dem meditativem Tun sehr eindrucksvolle, sehr lebendige Kunstwerke geschöpft werden können. Und Frederik konnte einfach nicht stillsitzen, er ist ein sehr lebendiger, lauter und sich dauernd bewegender Mensch. Aber eben ganz in seinem Sein.

Ich werde mich jetzt etwas genauer mit diesem Tun-Aspekt beschäftigen.

Abgesehen von einigen Grundregeln, geht es bei der Praxis allen Tuns um Laotses Grundregel: das Nichttun im Tun zu tun. Man kann es auch so sagen, dass man ganz gesammelt etwas tut und nur das.

Die Erfahrung lehrt, dass ein Handeln in diesem Zeichen eine Erfahrung des Lebens erzeugt, eine Empfindung des lebendigen Daseins. Und diese wiederum ist ein Beitrag zum Wandlungsprozess, und darum geht es in erster Instanz, und weniger um Erleuchtung.

Ich möchte jetzt ein Beispiel geben für dieses Tun, das eine paradigmatische Bedeutung hat, das heißt, dass es im Prinzip für alles Tun zutrifft. Ich entnehme es dem reizenden Büchlein von dem vietnamesischen Zen-Mönch Thich Nhat Hanh: „Spüle das Geschirr entspannt ab, als sei jede Schale Gegenstand deiner Betrachtung. Folge deinem Atem, damit dein Geist nicht abschweift. Versuche nicht, dich zu beeilen, um die Arbeit hinter dich zu bringen. Betrachte den Abwasch als das Wichtigste auf der Welt. - Wenn man abwäscht, soll man nur abwaschen. Wenn wir beim Abwasch schon an die Tasse Tee denken, die auf uns wartet und uns beeilen, so als ob der Abwasch etwas Überflüssiges sei, dann leben wir nicht, wenn wir abwaschen. Wenn wir dann Tee trinken, werden wir auch an andere Dinge denken und uns kaum der Tasse in unseren Händen bewusst sein. So verschlingt uns die Zeit und wir sind unfähig, unser Leben zu leben." (13)

Dieses kleine Beispiel kann uns vieles lehren. Der Autor gibt noch viele andere Beispiele, u.a. nach der Musik zu hören, Tee zu bereiten, einen Tag der Achtsamkeit zu üben. Immer wieder betont er dabei die Bedeutung des Atmens, auch bei einem Gespräch.

Ich werde das nächste Mal versuchen, aus diesem Beispiel einige der wichtigsten Grundregeln zu ziehen, welche im Prinzip für all unser Handeln angewendet werden sollen, sowohl für das allereinfachste Tun, wie für das Gehen, für das Sprechen, wie auch für das Sport treiben. Abschließen möchte ich heute mit einem Euch wahrscheinlich schon bekannten Eckehart-Wort, das in diesen Rahmen passt:

Immer ist die wichtigste Stunde
die gegenwärtige.
Immer ist der wichtigste Mensch
der, der dir gerade gegenübersteht.
Immer ist die wichtigste Tat
die Liebe. (14)

Vortrag vom 06.04.1995

„Jede Seele hat ein Innerstes
und dessen Sein ist LEBEN." (15)

Heute werde ich diesen Zyklus mehr oder weniger abschließen mit einigen Bemerkungen über das richtige Tun, über das sogenannte nicht- tuende Tun (Wu-wei). - Ganz im allgemeinen kann man behaupten, dass wir in unserem Leben lernen müssen, tatsächlich zu leben. Ich erinnere mich an den Ausspruch eines Freundes: „Das Leben ist im tiefsten Sinne ein Lernprozess." - Gewöhnlich leben wir nur halb und werden von den Hürden und Bürden des Alltäglichen, des kleinen Ich in und um uns, besetzt und gesteuert. Das heißt, unser Leben bleibt an der Oberfläche hängen, das Wesentliche bleibt ungelebt.

Nur wenn das kleine Ich in und um uns als Herrscher verschwindet und dient, uns also nicht mehr beherrscht, können wir erwachen und nicht mehr halb, sondern ganz sein, als Ganzes leben, und das heißt: tatsächlich leben. Das Aufheben der Einflüsse des kleinen Ich ist keine Sinecure. Es genügt nicht, wenn man sich nur absichert gegen den Überfluss und Stress von außen (in der Zeitschrift „Psychologie heute", April 1995, steht ein guter Artikel darüber, ich würde sagen unter dem Motto: Weniger ist mehr). Es geht besonders um den inneren Prozess. Dieser ereignet sich meist nicht ohne Schocks. Sie brauchen nicht unbedingt ein erschütterndes Geschehen zu sein (Leid, Krankheit, Unfall), auch der sogenannte sanfte, langsame Weg des Ich-Loslassens, die Meditation, verläuft nicht ohne Schmerz und Mühe. Hier trifft, was Otto Betz über die Kunst des richtigen Schlafens schreibt, auch zu für die richtige Lebenskunst: „Wer unter dem Zwang steht, in eigener Regie für Sicherheit zu sorgen, lernt nicht die Kunst des rechten Schlafens." (16) Wenn wir diesen Meditationsweg wählen, dann ist die erste Bedingung für das meditative Tun, dass wir uns zeitweilig bewusst aus der Eile und dem Strudel zurückziehen. Das ist oft schwieriger als es scheint, weil nicht nur die Umstände oft entgegenarbeiten (z.B. bei einem Besuch oder einem Disput), sondern oft ist es unser eigener Stress und der Strudel unserer eigenen Unruhe, die uns einen Streich spielen. Wir müssen diese Kunst jedoch lernen und z.B. lernen, uns notfalls insgeheim, mitten in einem Gespräch, zurückzuziehen. Auch hier ist es hilfreich, ein Momentchen innezuhalten und auf seinen Atem zu achten. Das trifft nicht nur für das Sitzen zu, sondern sicher auch für das Tun im Alltag.

Beim Sitzen muss der Meditierende unbeweglich bleiben, achtsam seinem Atem folgen und bewusst wahrnehmen. Beim Tun muss er, dem Atem folgend, ganz bei einer bestimmten Bewegung oder Bewegungsfolge bleiben. So wie beim Sitzen die Unbeweglichkeit conditio sine qua non (unerlässliche Voraussetzung) ist, so beim Tun die achtsame Bewegung (letzten Endes stimmen das meditative Sitzen und das aktive meditative Tun überein, beide führen zum SEIN). Diese Bewegung entwickelt sich, wenn sie richtig ausgeführt wird, nicht mehr als ich-gewollte Leistung, sondern von sich selber her, aber auch wieder nicht mechanisch. Ich nehme sie während ihres Vollzugs bewusst wahr, erlebe sie, werde Teil von ihr und vergesse das Leisten.

Diese Entwicklung ist nur möglich, wenn diese bestimmte Bewegung sich achtsam vollzieht und das wiederum ist nur möglich, wenn sie einfach ist und wiederholbar. Dies trifft für Grundübungen zu wie abwaschen, gehen, essen... Aber im Prinzip stimmt es für alles Tun, z.B. auch für Sport: Graf Dürckheims Vorträge für Teilnehmer an den Olympischen Spielen behandeln dieses Thema (Sportliche Leistung - Menschliche Reife). Berühmt ist der Bericht über die Kunst des Bogenschießens von dem Philosophieprofessor Eugen Herrigel. –

Im religiösen Bereich geht es bei den liturgischen Ritualen auch um dieses Thema.

Sich Zeit nehmen, Einfachheit und Wiederholbarkeit: diese sind einige wichtige Voraussetzungen beim meditativen Tun. Dazu kommt, dass man die Übungen langsam tut und lernt, seine Ungeduld sinken zu lassen. „Lauf nicht, geh langsam, du musst nur auf dich zugehen", sagt ein weises Sprichwort.

Wesentlich beim Tun ist die Übung der Achtsamkeit. Wer so übt, kommt von seinem Ich frei: durch das perfekte Tun der geübten Handlungen wird das Tor geöffnet für die schöpferischen Kräfte, die hinter dem Tun wirken. Diese wenden die Fähigkeiten, über die wir verfügen und die sich nach außen ausdrücken wollen, nicht an, um der Erste, der Beste zu sein, sondern aus der reinen Freude der freigekommenen Kreativität. Auch wenn es nur um Abwasch geht, um Töpfe, Pfannen und Besteck. Die Botschaft: Wenn man den Alltag auf religiöse Weise erleben und gestalten will, dann muss man ganz tun, was man tut, gleich, was es ist. Im Wesen geht es auch so mit dem Sitzen: Man atmet nur, man wird mit dem Atem eins, man wird

Atem und eins mit dem Sein. - Genau wie beim Sitzen fallen Vergangenheit und Zukunft weg; man erfährt hautnah die wesentliche Wirklichkeit im Jetzt, ein Jetzt, das das alltägliche Jetzt übersteigt. Eckehart spricht hier sogar vom "ewigen Jetzt". Dann wird bewahrheitet, was Edith Stein im Leitwort sagt: Das Innerste der Seele wird berührt und dessen Sein ist Leben.

Diese existentielle Erfahrung kann eine religiöse, ja mystische Qualität mit sich bringen. Und dabei ist es fast egal, was diese Erfahrung entzündet.

Das Gebet über den Abwasch, den Teresa von Avila jeden Tag zu tun hatte, zeigt, wie ein scheinbar so einfaches, nicht hoch geistliches Tun wie eine heilige Handlung getan werden kann. Mit diesem Gebet möchte ich jetzt abschließen:

„Herr der Töpfe und Pfannen,
 ich habe keine Zeit, ein Heiliger zu sein und Dir zum Wohlgefallen in der Nacht zu wachen, auch kann ich nicht meditieren in der Morgendämmerung und im stürmischen Horizont. Mache mich zu einem Heiligen, indem ich Mahlzeiten zubereite und Teller wasche.
 Nimm an meine rauhen Hände, weil sie für dich rauh geworden sind. Kannst Du meinen Spüllappen als einen Geigenbogen gelten lassen, der himmlische Harmonie hervorbringt auf einer Pfanne? Sie ist so schwer zu reinigen und ach so abscheulich. Hörst Du, lieber Herr, die Musik, die ich meine?
 Die Stunde des Gebetes ist vorbei, bis ich mein Geschirr vom Abendessen gespült habe, und dann bin ich sehr müde.
 Wenn mein Herz noch am Morgen bei der Arbeit gesungen hat, ist es am Abend schon längst vor mir zu Bett gegangen.
 Schenke mir, Herr, Dein unermüdliches Herz, dass es in mir arbeite statt des meinen.
 Mein Morgengebet habe ich in die Nacht gesprochen zur Ehre Deines Namens.
 Ich habe es im Voraus gebetet für die Arbeit des morgigen Tages, die genau dieselbe sein wird wie heute.

Herr der Töpfe und Pfannen, bitte darf ich Dir anstatt gewonnener Seelen die Ermüdung anbieten, die mich ankommt beim Anblick von Kaffeesatz und angebrannten Gemüsetöpfen?

Erinnere mich an alles, was ich leicht vergesse; nicht nur, um Treppen zu sparen, sondern, dass mein vollendet gedeckter Tisch ein Gebet werde.

Obgleich ich Martha-Hände habe, hab' ich doch ein Maria-Gemüt, und wenn ich die schwarzen Schuhe putze, versuche ich, Herr, Deine Sandalen zu finden. Ich denke daran, wie sie auf Erden gewandelt sind, wenn ich den Boden schrubbe.

Herr, nim meine Betrachtung an, weil ich keine Zeit habe für mehr. Herr, mache Dein Aschenbrödel zu einer himmlischen Prinzessin; erwärme die ganze Küche mit Deiner Liebe und erleuchte sie mit Deinem Frieden.

Vergib mir, dass ich mich so sorge, und hilf mir, dass mein Murren aufhört.

Herr, der Du das Frühstück am See bereitet hast, vergib der Welt, die da sagt: "Was kann denn aus Nazareth Gutes kommen?" (17)

Vortrag vom 04.05.1995

Heute möchte ich etwas zum Thema Atmung sagen. Jeder von Euch wird bemerkt haben, dass es für mich, für die Meditation, ein wichtiges Thema ist. Ich möchte das punktweise erläutern:

- Wir üben die ungegenständliche Meditation und das hat einen bestimmten Grund.
  - Es geht darum, dass das Sein in uns die Chance bekommt, aus der verborgenen Tiefe aufzutauchen, uns zu füllen und zu berühren.
  - Das ist aber nur möglich, wenn unser Inneres, unsere Seele, leer ist. Leer, das heißt, nicht mehr haftet an allem, was mit unserem quasi wichtigen, aber flüchtigen Ich zu tun hat.
  - Es geht also um den Prozess des Loslassens von allem, was uns festhält, was gegenständlich ist (z.B. Bilder, Gedanken, Ängste usw.) Das ist keine einfache, wohl aber eine notwendi-

- ge Aufgabe.
- Eine Meditationsweise, die von Anfang an nicht an irgendeinem Gegenstand haftet, kann uns bei diesem Loslassen und Leerwerden daher eine gute Hilfe sein, weil sie selber leer ist, wenigstens wesentlich leer ist. So eine Hilfe ist das richtige, gegenstandslose Atmen.
- Sie ist aber nicht nur intrinsisch, dem Wesen nach leer, sondern sie entleert auch.
- Sie entkräftet und enthaftet qualitate qua, an und für sich, alle flüchtigen Nicht-Seins-Aspekte unseres Daseins.
- Aber nur dann, wenn wir bereit sind, den inneren Rhythmus der Atmung wahrzunehmen und ihm gelassen zu folgen. Also: Wenn wir uns bewusst atmen lassen. Dann kommt die potentielle entkräftigende Kraft der Atmung frei und befreit uns, macht den Weg frei für das Sein, das jetzt auftauchen kann.
- Wer sich atmen lässt, wird des lebendigen Lebens teilhaftig.
- Es ist daher kein Wunder, dass die Atmung in Weisheits-Aussprüchen in Ost und West gelobt und ihr gehuldigt wird, wie in dem folgenden Veda-Gesang.

Huldigung an den Atem des Lebens

Wir huldigen dem Atem des Lebens,
denn dieses ganze Universum gehorcht ihm.
Er ist der Herr aller Dinge geworden,
alles hat in ihm seinen Ursprung.

Wir huldigen dir, Atem des Lebens,
wir huldigen deinem Tosen;
wir huldigen dir, Donner, und dir Blitz;
wir huldigen dir, o Atem des Lebens,
wenn du Regen herab gießt.

Wir huldigen dir beim Einatmen,
wir huldigen dir, Lebensatem, beim Ausatmen;
wir huldigen dir, wenn du dich abwendest,
wir huldigen dir, wenn du dich uns wieder zukehrst:

Dir gebührt in allem, ja in allem Huldigung.

Der Atem des Lebens nimmt die Kreaturen als sein Gewand;
er nimmt sie wie ein Vater seinen geliebten Sohn.
Der Atem des Lebens ist der Weltenherr,
der Herr aller, die atmen,
der Herr von allem, was ohne Atem ist.

O Atem des Lebens, wende dich nicht ab von mir:
Ich selbst verschmelze mit dir.
Wie ein Lebenskeim im Wasser:
So umgebe und binde ich Dich in mir,
damit ich lebe. (18)

Vortrag vom 18.05.1995

Zum Abschluss dieser halbjährlichen Meditationsrunde möchte ich versuchen, den Stil unserer Meditationsweise noch einmal zu erklären. Die Atmung als wichtiges Hilfsmittel der Einkehr zur ungegenständlichen Meditationsübung habe ich bereits erläutert, heute sind einige andere, mehr allgemeine Aspekte an der Reihe.

Von außen her betrachtet scheint diese Übungsweise eine total unspektakuläre Sache zu sein; es geschieht nichts, was imposant ist, wo es um etwas Lebenswichtiges geht. Man tut nichts, man sitzt nur und schweigt; sonst nichts. Auch das Kinhin, das langsame meditative Gehen ist nicht etwas Aufsehenerregendes. –

Der Meditationsbegleiter scheint wenig anderes zu tun, als Anfang und Ende einer Sitzperiode anzugeben und nur ab und zu korrigiert er die Haltung der Medierenden. Sonst verhält er sich rein passiv; seine sogenannten Einführungen zielen eigentlich nur auf eine Betonung des Loslassens. Der ganze Rahmen der Meditationsübung und auch die Rituale sind von einer fast eintönigen Einfachheit gekennzeichnet, voller Wiederholungen, höchst uninteressant, leicht zu vollziehen. Das Ganze macht einen unscheinbaren Eindruck, und ist vielleicht nur bemerkenswert, weil es auffallend unbemerkenswert ist.

Dieser Schein trügt. In Wahrheit fordert eben diese Entourage den größten Einsatz. Gerade weil kein von außen ausgehender Reiz oder Druck kommt, wird die innere Aktivität gefordert und diese kann nur fruchtbar werden, wenn sie von einer starken Motivation getrieben wird. Dazu kommt, dass diese innere Aktivität im Zeichen von „Loslassen" stehen soll und nicht von „etwas leisten". Es gibt tatsächlich kein anderes Stimulans als die innere, befreiende Erfahrung während des schweigenden Sitzens und der wohltuenden Erfahrung als Frucht des inneren, sich verwandelnden Tuns.

Diese Atmosphäre der Stille, des Schweigens und des unbeweglichen Nicht-Tuns ist notwendig in einer Welt, die im umgekehrten Zeichen steht und die uns immer weiter wegführt vom wesentlichen Seins-Leben. Diese Welt macht uns leer, obschon wir vollgestopft sind von Dingen, die diese leere Leere zuzudecken versuchen. Diese Leere ist eine wesentlich andere Leere als die, worum es im spirituellen Sinne geht. Uns geht es um eine Leere (um ein "Nichts"), befreit, entblößt von gerade all demjenigen, das die weltliche Leere beschäftigt. Uns geht es um das Hören können, was die stille Wirklichkeit uns zu sagen hat, und um die Berührung durch diese Welt. Um das zu ermöglichen, brauchen wir einen Übungsort und Übungsweisen, die im Gegensatz zu der flüchtigen, hektischen Welt des Nicht-Seins stehen. Die ungegenständliche Meditationsübung ist unseres Erachtens dazu die geeignetste, weil sie ungegenständlich und direkt ist. Das unbewegliche schweigende Sitzen und das Folgen der Atmung sind die besten Hilfsmittel, um die richtige innere Verfassung freizumachen, und das sind die dem Anschein nach so langweiligen Wiederholungen auch. Wenn die Übungen als zu langweilig empfunden werden, wenn man eigentlich mit Entspannung gerechnet hat und zu wenig bereit ist, um durch die Wüste des flüchtigen Nicht-Seins in und außerhalb von sich selber, mühsam von Oase zu Oase des Seins zu gehen: der hat es schwer mit dieser Art des existenziellen Suchens.

Schwer hat er es auch daher, weil es für ihn auch außerhalb des gemeinsamen Übens nicht leicht ist. Ihm wird die regelmäßige tägliche Übung stark empfohlen, ja sogar als eine conditio sine qua non, gerade mitten in seinem vielleicht hektischen Alltag. Ein Alltag, der ihn sonst allzu leicht in seinem Strudel mitschleudert. - Und wenn er vielleicht einmal Rat und Direktiven sucht, und - aus eigener Initiative - darüber mit dem Leiter sprechen will: Dann wird er möglicherweise enttäuscht sein. Vielleicht erwartet er einen guruartigen Führer und begegnet nur einem mit ihm suchenden Begleiter. Es geht bei diesen Gesprächen nicht um Direktiven sondern darum, gemeinsam nach Blockierungen zu suchen, die den Meditationsprozess hindern und darum, den Meditierenden zu ermutigen, diese auszuräumen. Es geht darum, diese Hindernisse aufzudecken und in der Meditationsübung loszulassen.

In unserer modernen westlichen Welt mit ihrer starken Ich-Betonung gibt es oft viel auszuräumen. Unter gewissen Umständen kann eine Psychotherapie nötig sein, aber das fällt nicht in den Bereich des Meditationsbegleiters.

Letzten Endes trägt jeder selber die Verantwortung für sein Leben, für seine Lebensentscheidungen. Der Begleiter kann aufgrund seines Respekts für die intrinsische (wesentliche) Würde des Mitmenschen und aufgrund seiner eigenen Lebenserfahrung (auch in meditativer Hinsicht) nur behilflich sein, um den individuellen Weg des Mitmenschen freizumachen. Mehr nicht. -

Also: Unser ganzes Meditationsgebäude wird geprägt von einem durch und durch demokratischen Geist, der seinen Ursprung in Ehrfurcht und Respekt für den göttlichen Kern des Menschen hat. Es geht darum, diesem Kern eine Chance zu geben und dazu ist dieses Gebäude so aufgebaut, wie wir es skizziert haben. -

Notizen vom 07. und 21.09.1995

Thema des heutigen Abends:

Warum meditieren wir und warum ungegenständlich?
Also: Was ist unsere Motivation?

Öfters: Bedürfnis der Entspannung (und diese gibt es tatsächlich,

kann es jedenfalls geben).
Diese Motivation ist an sich vielsagend. Besagt mehr über die Welt, in der wir leben und über uns, als über die Meditation (Stresswelt, Stress, Eile, Lärm, Leistung). Eine Welt, die uns aufwirbelt, (Siehe „Psychologie heute", Oktober 1995: „Stressmanegement")
Man sehnt sich nach mehr Ruhe, Stille, Langsamkeit, aber ob das alles ist? Geht es dann eigentlich nicht doch darum, besser leisten zu können?

Nein! Es steckt mehr dahinter!
Wie kann man sonst die Ausdauer erklären des nur Sitzens, Schweigens und nicht(s) Tun? Das sind doch ungeheuer langweilige Komponenten? (und nicht wenige geben es darum enttäuscht wieder auf - aber andere gehen unermüdlich weiter). Es muss ein "Mehr" geben, worauf man dann hofft.

Was könnte dieses Mehr sein?
Ganz im Allgemeinen: Viele meditieren, weil sie abgesehen vom Stress, sich physisch, psychisch, geistig nicht ganz wohlfühlen und die mehr oder weniger unbestimmte Hoffnung haben, dass sich die eine oder andere Einkehr heilend auswirkt. (Siehe das Buch von K. J. Kuschel: „Weil wir uns auf dieser Erde nicht ganz zu Hause fühlen", Pieper 1985.)

Offensichtlich erwarten sie dieses Heil nicht vom Alltag, vom Gewöhnlichen, sondern von dem Außergewöhnlichen.

Und nicht so selten erhofft man eine plötzliche Wunder-Wandlung, wodurch man sich entspannt wohlfühlt. Das sind romantische Züge! (oft im Zeichen der Resignation und der Aggression)

Weil das Alltägliche - auch in der Kirche - nicht anspricht, suchen viele Leute das Außer-Alltägliche, z.B. im Fernöstlichen, in Esoterik, in Mystik, das exzentrische in Unterhaltung und Romantik, im Fundamentalismus und, ja, im Meditativen.
Worin soll dieses Heil bestehen, auf was ist es gegründet?

Notizen vom 19.10.1995

Ich beendete meine vorherige Einführung mit der Frage: Was steht hinter der unruhigen Suche des Menschen?

Wir versuchen den tiefsten Hintergrund aufzudecken. Es geht offensichtlich um eine existenzielle Lebensfrage:
Dieser Mensch ist qua Natur ein unruhiges Geschöpf.
Und ich wiederhole: Woher stammt diese Unrast?

Ich brauche jetzt nicht die vielen Versuche zu erwähnen, wie viele Leute ihr Heil suchen in Ablenkung, Betäubung, Verdrängung und so die Unrast verneinen.

Ich glaube, das alles hängt letzten Endes damit zusammen, dass der Mensch mehr oder weniger bewusst weiß, dass er sterblich ist. Viele Menschen hegen zwar die Illusion, dass ihr Leben ewig fortdauert, untergründig aber beschäftigt sie doch dieses Wissen um ihre Vergänglichkeit.
Das verursacht Angst und Angst verursacht Unrast, Unbehaglichkeit erzeugt. Angst vor dem Nichts, vor der Umsonstigkeit seines Lebens. Natürlich gibt es noch andere Ängste, ich spreche aber jetzt von dieser existenziellen Angst.
Es ist dieselbe Angst, die sich mit der Frage stellt, ob mein sterbliches Leben einen bestimmten Sinn hat, eine bestimmte Aufgabe enthält. Das ist die gute Kehrseite, denn diese existenzielle Frage setzt das Suchen in Gang. Der Mensch ist wesentlich ein unruhiger Sucher nach einer endgültigen Antwort, einer zuversichtlichen Lösung, die Ruhe verschafft, die Heil bedeutet.

Aber wo und wie sucht der Mensch?

In der vorherigen Einführung habe ich gesagt: nicht im Alltag. Obschon er diesen bisweilen versucht, zu "verheftigen" (verstärken) und so interessant zu machen. Nein, er sucht sein Heil im Besonderen, Außergewöhnlichen: das heißt, in einer anderen Wirklichkeit als dem Alltäglichen. Gibt es diese – und wie soll man diese erschließen? Das heißt, was geht über die greifbare Realität hinaus? Und ist diese ahnungsvolle Erwartung wohl reell?

Vortrag vom 02.11.1995

Der letzte Einführungszyklus liegt schon eine Weile zurück, so werde ich heute sicherlich einiges wiederholen.

Wir sind auf der Suche nach dem tieferen Hintergrund des unruhigen Suchens des westlichen, auf das Individuelle eingestellten Menschen. Ein Suchen, das ihn u.a. zur Meditation führen kann. Es geht aber offensichtlich um mehr als um Entspannung gegen den Stress des Alltags. Der westliche Mensch ist aber nolens volens ein unruhiges Geschöpf, wohl oder übel. Und das soll er auch sein. Ein Wort von Eckehart: „Wir sollen nimmer ruhen, bis wir werden, was wir ewiglich in Gott sind." (19)

Leider versuchen zu viele Leute Ruhe, ja, Heil zu finden in Ablenkung, Betäubung, Verdrängung, wobei unsere sogenannte moderne Gesellschaft Hilfe bietet mit ihrer hochentwickelten Kunst der Vernebelung und Zerstreuung. Eine Kunst, um möglichst störungs- und angstfrei leben zu können.

Ich glaube, letzten Endes ist der Hintergrund: das mehr oder weniger bewusste Wissen um die Vergänglichkeit von sich selber, vom Leben überhaupt. Oft wird dieses ahnende Wissen nicht wirklich zugelassen. Viele hegen die Illusion - oft unbewusst - dass ihr Leben ewig dauern wird. Sie versuchen so zu leben, als ob es kein Vergehen, keine Endlichkeit gibt. Sie weichen dem Schmerz der Konfrontation aus. Aber untergründig gärt dieses Wissen doch und das verursacht Angst, existentielle Angst vor dem Nichts, dem Umsonst.

Diese Angst hat ihre negativen Folgen, wir wissen, welche. Aber es gibt - wenn man sie zulässt - auch die gute Kehrseite und daraus stammt das unruhige Suchen. Ein Suchen nach einer überzeugenden Antwort auf die Frage, die Kernfrage, warum das Leben so ist, wie es ist: kurz und endlich. Offensichtlich muss die Endlichkeit nicht umsonst sein, sondern sie muss einen Grund, einen Sinn haben, der über das vergänglich-irdische Dasein hinausgeht. Aber welchen Grund, welchen Sinn?

Sicherlich kann das alltägliche Leben, so wie es gewöhnlich gelebt wird, keine existentielle überzeugende Antwort, keine Sicherheit geben. Daher sucht der wirklich Suchende im Außergewöhnlichen, manchmal Außerordentliches. Oder er verschanzt sich hinter einer Ideologie, z.B Fundamentalismus und konservativ-traditioneller Orthodoxie, oder romantische quasi-Religiösität.

Vortrag vom 16.11.1995

Ich fasse das Vorhergesagte zusammen: Ob er will oder nicht, nolens volens: der westliche auf das Individuelle eingestellte Mensch ist ein Suchender nach der Antwort auf das Rätsel, welches das Leben, auch sein eigenes Leben, ist. Oft weicht er der Konfrontation mit dieser Frage so lange wie möglich aus, sogar dann, wenn die Angst ihn überfällt und wenn er bis zum Rande des Lebens gedrängt wird, z. B. durch eine schwere Krankheit oder eine andere Not. „Das schnellste Ross, das Euch zur Vollkommenheit trägt, ist das Leiden" sagt Eckehart.(20)

Im Übrigen: Auch großes Glück kann zum Rand führen! (Und auch das kleine, z. B. eine gute Begegnung oder das Erleben von etwas sehr Schönem, einem Sonnenuntergang.) Jedenfalls dann wenn auf irgendeine Weise die gewöhnliche Wahrnehmungsschicht, das Alltägliche durchbrochen wird.

Darauf braucht man aber nicht passiv zu warten. Man kann auch an diesem Durchbrechen arbeiten. Stärker noch: Man sollte daran arbeiten, der Durchbruch soll nicht nur bei einem Moment bleiben. Hier hat die meditative Arbeit ihre Chance. Sicher, es gibt noch andere legitime Möglichkeiten, andere Wege. - Ich habe aber vor 30 Jahren die Meditation gewählt (oder umgekehrt, hat sie mich gewählt?). Warum? Erlaubt mir, dass ich im Folgenden etwas darüber erzähle. Vielleicht kann ich so, auf persönliche Weise, am besten einige generelle Folgerungen aufstellen. –

Als ich damals, vor 30 Jahren, in einem kleinen Zigarrenladen nebst Buchhandlung, ohne gezieltes Suchen, das von Dürckheim geschriebene Büchlein „Der Alltag als Übung" in die Hände bekam, sprach alleine der Titel mich so an, dass ich - stehend auf einer Leiter und total das Mittagessen vergessend - das ganze Buch in einem Guss auslas. Ich entschloss mich stante pede nach Rütte, zu Graf Dürckheim, zu fahren. Hier überschritt ich nach vielen Jahren des Suchens den Rubikon.

Welche Folgerungen kann man aus diesem Vorgehen ziehen? Erstens, die Zeit war reif. Bestimmte ernste Ereignisse (die Nachwirkung des Krieges, das japanische KZ und einige Zeit nach dem Krieg der Tod meiner geliebten jungen Frau) hatten mich bis zum Rand des Lebens gedrängt und mich mit der existentiellen Kernfrage konfrontiert.

Also: die Zeit muss reif sein. –

Zum Zweiten: Der Titel des Buches und sein Inhalt hatten mich direkt im Tiefsten meiner Seele angesprochen, ja getroffen: Einkehr und die Rückkehr ins Alltägliche.

Bezeichnend: Bevor ich einige Wochen später tatsächlich nach Rütte fuhr, versuchte ich auf eigene Faust, wie es eben ging, so zu üben, wie es in dem Buch gestanden hatte.

Also, ich wiederhole: Die Zeit muss reif sein und die Direktheit des Getroffen-Sein ist indizierend, ja vielleicht entscheidend.

Aber: wie konnte ich weiter sicher sein, dass die Wahl richtig war? Es gab ja so viele Meditationsweisen, warum eben diese ungegenständliche?

Vortrag vom 07.12.1995

Die Zeit war reif, und ich war tief angesprochen. Ich fühlte mich gefordert und traf eine Entscheidung und „wusste" einfach, dass ich eine Schlüssel-Entscheidung getroffen hatte.

Ich stand noch ganz im Anfang, aber hegte eine starke Hoffnung, dass ich eine sichere Antwort bekommen würde auf meine dringenden existentiellen Lebensfragen. –

Also: Rütte und die Begegnung mit Karlfried Graf Dürckheim, aus der ein intensiver Kontakt bis zu seinem Tod entstand. Er war mir Lehrer und Freund. Aber auch Sesshins anderswo und bei anderen Lehrern bestätigten und ermutigten mich und halfen mir die „Downs" zu überwinden. Ich lernte Geduld üben und brauchte viel, viel Zeit und sehr viel Geduld dazu.

Was bestätigten sie und wie? Sicher, die Begegnungen und Freundschaften, sowohl mit überzeugenden Persönlichkeiten wie Graf Dürckheim und Pater Lassalle SJ als auch mit anderen Meditierenden waren sehr wichtig. Ausschlaggebend aber war und ist meine persönliche Erfahrung.

Ein schlichter Ausspruch Dürckheims war für mich besonders wegweisend: „Die Übung sei einfach und wiederholbar." (21) Auch dieses Wort hat mich direkt angesprochen, es beschränkt sich nicht nur auf die leibliche Praxis, sondern bezieht sich auf das ganze Leben, das seelische, geistige und auf das alltägliche Tun und Treiben, und offensichtlich wollte mein tiefstes Innere es so. - Ich übte getreu – d. h., es gab sozusagen schöne und dürre Perioden, wobei die Versuchung da war, es aufzugeben. Aber die Hoffnung war stärker. Ich übte weiter, einfach und wiederholbar, jeden Tag, und ich lernte das Warten. Aber quer durch alles hindurch: Ich lebte. Das wusste ich, das erlebte ich, wenn auch ohne spektakuläre Erfolge. Ich war auf die für mich richtige Spur gekommen. - Bin ich jetzt angekommen? Ich lernte, dass man, dass der Mensch, so wie er geschaffen ist, nie fertig ist: Der Weg ist das Ziel. Und den Weg soll man buchstäblich gehen, mit Fallen und wieder Aufstehen. Ich lernte: Es geht um die Erfahrung des Gehens. Nur durch persönliche Erfahrung und nicht nur durch "Hören sagen" oder durch rationale Einsichten erschließt sich das Sein als Wirklichkeit, und kann ich versuchen, in diesem Sein zu sein.

Das impliziert die innere Wandlung, die - wenn nicht zur sogenannten mystischen Erleuchtung - doch zu sinnreicher innerer Reifung und Erwachsenheit, zur wirklichen Selbständigkeit führt. Im Sein

spürt der Mensch, dass er in Gottes Hand ist. –
Im Vorhergehenden war mehrmals die Rede vom Lernen: Meditation lehrte mich die Wahrheit des Ausspruchs eines Freundes: „Das Leben ist ein Lernprozess." Meditation lehrte mich, mich nicht zurückzuziehen oder zu resignieren, sondern seins-lebendig zu leben, eben im Alltag. Grundsätzlich geht es hier um die Auseinandersetzung zwischen Sein und Haben, das Grundthema, womit Menschen wie der Mystiker Eckehart und in unserer Zeit Erich Fromm sich tief beschäftigen. Gerade die Meditation, die gegenstandslose Meditation, ermöglicht auf ihre unspektakuläre, stille und bescheidene Weise für jedes Individuum die Möglichkeit, diese Grundproblematik in sich selbst bloßzulegen und sich zu entscheiden. Eben durch die bewusste Erfahrung seiner eigenen Vergänglichkeit kann der Mensch sein Sein erleben als Antwort auf seine Kernfrage: es kann sei.

Sein in Demut voll und lebendig leben, hier und jetzt, in den gegebenen Umständen und mit seinen gegebenen Talenten.
Auch die Gegenstandslosigkeit sprach mich unmittelbar an; sie ist für mich behilflich, um mich frei zu machen von den äußeren Bildern der 10.000 Dinge des Alltags und auch von sogenannten Meditationsbildern. Es ist schon schwierig genug, sich zu lösen von den von innen her aufkommenden Bildern und Gedanken. - Ebenso wurde es für mich einleuchtend, sich keine festen Ziele zu setzen: Diese Meditations-Art führt in die offene Weite und gerade die Leere gibt dem Sein die Chance "einzuströmen". Kurz, genau diese Meditation gab mir die Möglichkeit zu lernen, mich in vollstem Vertrauen „aus der Hand zu geben".
Das kurze, endliche Leben lebendig zu leben im Zeichen des Seins: Das war und ist die Antwort auf meine Grundfrage.
Ein besonderes Stimulans war dann später die Bitte Graf Dürckheims an mich, jetzt auch Meditationsgruppen zu begleiten. Das traf mich völlig unerwartet. Er ermutigte mich auch, bestimmte Modifizierungen vorzunehmen. Ein sehr wichtiger "Eye-opener" - im buchstäblichen Sinn - wurde mein Blick auf Jesus. Ich sah jetzt seine Einfachheit, sein Leben so wie einer von uns, gleich mit uns. Ich sah seinen Humor, seine Verlassenheit und Angst, sah, dass er genießen

konnte. Das Wichtigste: wie getreu er in seinem erleuchtenden Sein blieb – aus Liebe.

Ich lernte, was das Wort Nachfolge wesentlich bedeutet. - Ich lernte: was Jesus ausstrahlt, trifft das Wesen des Seins.

Vortrag vom 21.12.1995

Einige nachträgliche Bemerkungen:

Habe ich jetzt den mir selber gegebenen Auftrag erfüllt und eine befriedigende Antwort gegeben auf die Frage: Warum Meditation?

Ich weiß, ich war ziemlich persönlich, aber glaube doch, dass einige allgemeine Folgerungen am Platz sind. Ich versuche zusammenzufassen:

Entscheidend ist ganz im Allgemeinen, aber auch in Bezug auf bestimmte bestimmende Unterteile: Sie müssen bis auf eine tiefe Schicht angesprochen haben. Man kann sich zwar dennoch irren. The proof of the pudding is in the eating, die Erfahrung wird lehren. Langeweile und Dürre sind eben bei dieser äußerlich so einfachen und auf Wiederholung eingestellten Einkehrweise die Probesteine. Die Weise, wie wir sie durch dick und dünn aushalten oder nicht, lehrt, ob diese Meditation für jemand geeignet ist. Wie gesagt, sie ist nicht qua Form aufsehenerregend, wohl inhaltlich. Hierhin gehört diese klassische Zen-Stelle: „Als wir noch nicht erwacht waren, war der Berg nur Berg, und war der Fluss nur Fluss, als wir aber durch die Übung erwacht waren, war der Berg nicht Berg und war der Fluss nicht Fluss, war die Weide nicht grün und die Blume nicht rot. Gelangen wir in den Grund und Ursprung, dann ist der Berg durchaus Berg, ist der Fluss durchaus Fluss, ist die Weide grün und die Blume rot. Das Erwachen ist gleich dem ‚noch-nicht-Erwachen' trotz des Wesensunterschiedes beider. Der erwachte Mensch weiß sich als nichts besonderes, er ist ein Mensch ohne Rang, ein ganz gewöhnlicher Mensch." (22)

Eben das hat mich angezogen, bis ins Tiefste meines Herzens und dort wurde ich angesprochen dort wurde meine Hoffnung stark gehalten, wenn es einmal nicht so gut ging. Ein gewöhnlicher Mensch bleiben, wie auch der Alltag bleibt und der Mitmensch. Die Meditationsmeister, die ich kannte, blieben „normal" und verdeckten ihre schwachen Stellen nicht (sei es, vermischt mit Humor).

Die schweigende, ungegenständliche Meditation war/ist für mich mein Lebensweg geworden, weil sie mich - mich mit mir selbst konfrontierend - über mich selber hinaus führte und führt, auf der Suche nach einer Antwort auf die Existenzfrage: nämlich, wie es eben geht, das kurze Leben "wesentlich" zu leben. So sei es, auch für Euch. Ein Wort von Meister Eckehart zum Schluss:

Wer sitzt, der ist bereiter
klare Dinge hervorzubringen
als wer geht oder steht.

Sitzen bedeutet Ruhe.
Darum soll der Mensch sitzen,
das ist: in Demut sich niederbeugend
unter alle Geschöpfe.

Dann kommt er in einen stillen Frieden.
Den Frieden erlangt er in einem Licht.
Das Licht wird ihm gegeben in einer Stille
darin er sitzt und wohnt.

Wenn der Mensch sitzt,
so sinkt das grobe Blut
und die lichten Geisteskräfte
dringen hinauf zum Hirn,
so wird das Bewusstsein erleuchtet. (23)

Notizen zum Vortrag vom 01.02.1996

Einige Aspekte der Meditation

Ein in Meditation erfahrener Mann wurde einmal gefragt, warum er trotz seiner vielen Beschäftigungen immer so gesammelt sein könne.

Zen und Mystik

Dieser sagte:

Wenn ich stehe, dann stehe ich,
wenn ich gehe, dann gehe ich,
wenn ich sitze, dann sitze ich,
wenn ich esse, dann esse ich,
wenn ich spreche, dann spreche ich ...

Da fielen ihm die Fragesteller ins Wort und sagten:
Das tun wir auch, aber was machst du darüber hinaus?

Er sagte wiederum:
Wenn ich stehe, dann stehe ich,
wenn ich gehe, dann gehe ich,
wenn ich sitze, dann sitze ich,
wenn ich esse, dann esse ich,
wenn ich spreche, dann spreche ich ...

Wieder sagten die Leute: Das tun wir doch auch. Er aber sagte zu ihnen:
Nein, wenn ihr sitzt, dann steht ihr schon,
wenn ihr steht, dann lauft ihr schon,
wenn ihr lauft, dann seid ihr schon am Ziel.

(Autor unbekannt. Es wird vermutet dass diese Aussage inspiriert ist von einem Sutra über die Aufrechterhaltung von Achtsamkeit

Einen Satz möchte ich hinzufügen: "Wenn ich meditiere, dann meditiere ich." –
    Diese Zen-Anekdote, Euch sicher schon bekannt, werde ich für die nächsten Einführungen zum Ausgangspunkt wählen. Was besagt sie? In erster Linie: Wenn ich etwas tue, dann "nur" das, was ich tue (stehen, gehen, sitzen, essen, sprechen, meditieren, usw.). Das heißt: nichts anderes (äußerlich und innerlich); ich bin ganz und gar da bei dem, was ich tue, auch wenn es nichts Wichtiges ist. Aber ohne Verdrängung, ohne Gewalt oder Zwang (in der Anekdote wird gesagt: "warum er, der in Meditation erfahrener Mann, trotz seiner vielen

Beschäftigungen immer so "gesammelt" sein konnte").

So einfach es scheint, so schwierig zeigt sich die Praxis. Die Leute, die um eine Erklärung fragen, meinen, dass sie genau dasselbe tun, wie der befragte Mann, aber dieser erwidert ziemlich scharf, dass das nicht wahr sei, weil sie offensichtlich nicht bei der Sache bleiben („wenn ihr sitzt, dann steht ihr schon" usw.). Ich glaube, wir alle kennen diese Art von ablenkenden Störungen. Wo liegt der Unterschied?

Eigentlich sagt die kleine Geschichte das schon im Anfang, als sie sagt: „Ein in der Meditation erfahrener Mann. "Wer in der Meditation erfahren ist, schafft sozusagen doppelt so viel, ohne seine innere Sammlung zu verlieren. Fast würde man denken: Wenn das so ist, dann schon lohnt es sich zu meditieren: Ich werde dann doppelt so viel leisten! Aber wenn das meine Grundmotivierung zur Meditation wäre, dann verfehlt man erst recht die richtige Legitimation der Meditation.

Also: Was bedeutet es, in der Meditation erfahren zu sein?

Notizen zum Vortrag vom 15.02.1996

Bei unserem letzten Treffen habe ich mit einer Zen-Anekdote angefangen: „Wenn ich stehe…" Es geht um folgendes: „Wenn Du sitzt, sitze, wenn Du Dich bewegst, bewege Dich, vor allen Dingen: schwanke nicht zwischen beiden." Das schafft nur ein in der Meditation erfahrener Mensch.

Was bedeutet es, in der Meditation erfahren zu sein?

Heute zitiere ich ein Wort von Peter Handke, der plädiert für eine freie Sicht in uns und sagt dann: „Zu wissen glaube ich, dass es möglich ist, wenn es gelingt bei einer Sache zu bleiben und dabei behutsam zu sein, aufmerksam, langsam, voll Geistesgegenwart bis in die Fingerspitzen." (24)

Offensichtlich gehört es dazu, wenn man völlig bei einer Sache bleiben kann, dass man in der Meditation erfahren ist und dass man dann auch vieles leistet, ohne ungesammelt zu werden. Das können spielende Kinder noch; viele Erwachsene verlieren aber diese Fähigkeit. Diese werden gewöhnlich im Leben, und gerade auch wenn sie ruhig und still sein wollen, bestürmt und besetzt von Gedanken, Gefühlen, Wünschen, welche meist zu tun haben mit Lust, Unlust, Selbstbehauptung, Leistung und außerdem unter Druck, unter Stress. Sicherlich gibt es eine innere Verfassung, die frei ist von solchen störenden Nebensachen. Und offenbar kann man dann vieles schaffen, ohne erschöpft, ohne ausgebrannt zu werden. Wer aber die Meditation übt mit der Absicht, dadurch mehr leisten zu können, der verfehlt grundsätzlich das „Ziel", die eigentliche Absicht der Versenkungsübung, (das habe ich bereits einmal gesagt).

Mehr leisten zu können, kann höchstens eine Frucht, ein Nebenprodukt sein. Wesentlich geht es in der Meditation um etwas ganz anderes; sie ist ein Ich-Reinigungsweg, der den Weg bahnen kann zum Durchbruch zum Sein.

Augenscheinlich gehört es zu den allerersten Aufgaben der Meditation, diese störenden und hemmenden Nebenbewegungen loszuwerden, und offenbar ist der befragte Mensch aus der Zen-Geschichte darin erfahren. Er hat sich befreit von diesen Nebenwirkungen, die an seinem Ich haften; es sind ja Aspekte, die zu der Ich-Seite gehören. Es gibt mehr als das Ich-Leben, aber dann müssen wir, wenn wir dieses Mehr erfahren wollen, unsere Ich-Dominanz loswerden. In der bekannten Meditationsformel Dürckheims heißt es direkt im Anfang: „sich loslassen". Dieses Loslassen ereignet sich nicht auf einmal und nicht nur durch das Wollen. Die Haftungen sind hartnäckig und tauchen, nicht selten aus dem Unbewussten, gerade dann auf, oft fast schleichend, wenn wir meinen, befreit zu sein. Was sich jahrelang in uns, in Leib, Seele und Denken, festgesetzt hat, davon kann man nicht erwarten, dass dieses im Handumdrehen verschwindet. Die erste Aufgabe des Meditierens ist dann also, bei dem "Sich-loslassungs-prozess" bei diesem Loslassen zu bleiben. Das fordert viel Übung, Geduld, Zeit, alerte Aufmerksamkeit, um sich sozusagen auf frischer Tat zu ertappen, wenn eine Störung (Gedanke, Gefühl, Phantasie) sich einmischt beim achtsamen Folgen meiner Ein- und meiner

Ausatmung. Bei dem Bleiben und Loslassen kann nämlich unsere Atmung eine kostbare Hilfe sein.

Wer die Atmungsbewegung einschaltet, kann einige wichtige Erfahrungen machen: Sie ermöglicht das Bleiben - der Schwerpunkt der Atmung verlegt sich, und zwar von oben nach unten, in den Bauchbereich (Hara). In der erwähnten Dürckheim-Formel heißt es nach dem sich loslassen, „sich niederlassen". Das geschieht fast von selber, wenn man es zulässt. Weiter: Während des Atmens verlangsamt sich der Rhythmus, bis er sich sozusagen von selber und in seinem eigenen Rhythmus vollzieht. Dann werde ich geatmet, ich werde mitgeführt, mein Ich wird in die Atmung aufgenommen (und nicht umgekehrt, wie vorher).

Ich wiederhole: Es geht hier darum, bei der Atmung zu bleiben. Sicherlich ist das nicht so einfach; unaufhörlich wird man gestört. Etwas Hilfe kann das aufmerksame Zählen der Atmung geben, eins bis zehn, und wenn es nicht gelingt, um bei der Stange zu bleiben, wieder neu bei eins beginnen. Auch Summen kann helfen. Worauf es ankommt, ist: bewusst die Atmung wahrnehmen und nichts anderes. Die Störung soll man wohl zulassen, aber nicht darauf eingehen. Die Art der Wahrnehmung ändert sich auch: etwas nachlässig gesagt, das Sich-Bewusst-Sein und das Wahrnehmen sollen Ich-frei werden. Das ist die wahre Achtsamkeit. Diese Fähigkeit besitzen wir, sie ist eine der kostbarsten Fähigkeiten, Gaben, die uns geschenkt sind. Wir können dann nicht betrachtend, nachdenkend oder reflektiv wahrnehmen, sondern „einfach so". Das heißt, und hier wiederhole ich wiederum: Man soll nicht auf das, was stört eingehen; nicht z.B. fragen: Wie kommt das, was ist die Ursache? Nein: einfach geschehen lassen ohne warum, ohne woher. - Let go, sagt der Engländer -. Wer so meditiert, meditiert.

Er wird einer deutlichen, sei es zunächst leisen Verschiebung seines Bewusstseins gewahr werden. Besonders dann: let go, sei still, lass es geschehen! Er wird noch etwas empfinden: dass die Störung ohne Verdrängung sozusagen von selbst weg ist: Er ist leerer, freier geworden.

Wir brauchen viel Geduld. Daher möchte ich mit einem Gedicht von Hermann Hesse abschließen:

Geduld ist das Schwerste und
was zu lernen sich das Einzige lohnt.
Alle Natur, alles Wachstum, aller Friede,
alles Gedeihen und Schöne in der Welt
beruht auf Geduld,
braucht Zeit, braucht Stille,
braucht Vertrauen. (25)

Notizen zum Vortrag vom 07.03.1996

Auch dieses Mal fange ich an mit einem Zitat an, einem Wort von Erich Fromm: „Man sollte lernen, bei allem, was man tut, sich zu sammeln: Wenn man Musik hört, ein Buch liest, sich mit jemand unterhält oder eine Aussicht bewundert. Nur das, was wir in diesem Augenblick tun, darf uns interessieren, und wir müssen uns ihm ganz hingeben. Wenn man sich so auf etwas konzentriert, spielt es kaum eine Rolle, was man tut. Dann nehmen alle Dinge, die wichtigen wie die unwichtigen, eine neue Dimension in der Wirklichkeit an, weil wir ihnen unsere volle Aufmerksamkeit schenken." (26)

Das letzte Mal habe ich angedeutet, wie das „Wenn ich meditiere, meditiere ich" in erster Instanz im Zeichen stehen soll vom "Sich-Loslassen" von der Ich-Dominanz mit seinen Haftungen an Gedanken und Gefühle; von diesem Störenfried müssen wir uns befreien. Befreien: Darin steht das Wort FREI: dies ist der Weg der Freiheit. Man kann ihn vergleichen mit dem Fertigen einer Statue: zuerst wird alles überflüssige Material weggenommen, damit die verborgene Schönheit ausschließlich durch dieses Wegnehmen zum Vorschein bringt.

Tatsächlich erfährt man sich wesentlich frei(er), vielleicht im Anfang nur noch für eine ganz kurze Zeit. Die Tür steht noch angelehnt. Wer aber etwas von diesem innerlichen FreiSein geschmeckt hat, wird immer mehr davon erleben wollen, er verlangt danach, ganz frei zu werden, zu sein. Diese Art der Freiheit geht tiefer als die an sich auch wichtige äußerliche Freiheit, weil sie wesentlich ist. Sie ist heilsam, weil sie tiefe Ruhe, Frieden und Stille atmet, quer durch allen Trubel des Alltags hindurch, manchmal sogar in der Unfreiheit. Sie ermutigt uns weiter zu gehen, weiter zu meditieren, noch mehr loszulassen.

Auch das „Sich-nieder-lassen" kam kurz zur Sprache. Das „Sich-Sinken-lassen" ereignet sich fast von selber, sagte ich. Wenn man wenigstens den Vorgang zulässt, wird man Teil der Atmung.

Hier schließt sich das dritte Glied der Dürckheim-Meditationsformel an: „Sich-eins-werden-lassen" (oder auch. „sich- aufgeben"). Selbstverständlich gelingt dieses „Eins-werden" nicht auf einmal in vollem Umfang; auch hier ist die wiederholte Wiederholung, das Üben, unausweichlich und auch hier, ja gerade hier, in diesem Stadium soll man sich hüten vor Eile, Ungeduld oder anderen Eingriffsweisen, die vom (kleinen) Ich stammen.

Diese ganze Entwicklung geht nicht ohne Widerstände oder/und Ängste. Unser Ich wiedersetzt sich, weil es fürchtet, ins Nichts zu kommen und auszulöschen.

Dazu kommt, dass etwas Geheimnisvolles, ja Numinöses an die Tür klopft, um hereinzukommen, und das erfährt man als Bedrohung. Mit anderen Worten: Droht hier nicht die Angst, seine Identität zu verlieren? Also: sich zu verlieren? Horror vacui: die Angst vor dem Nichts, der Leere. - Um welche Identität geht es hier? Wenn wir genauer zusehen, werden wir bemerken, dass unser sogenanntes Ich-Bild der äußeren Welt entnommen ist, jedenfalls größtenteils. Und gerade davon, von den äußeren Haftungen, sollen wir uns freimachen!

Tief in uns haust, wohnt unser wahres Ich, unser Selbst. Und dieses wird wie bei der Statue seine Schönheit zeigen, wenn wir die Ich-Bedeckung los sind. Nota bene: Ich sage nicht, wenn das Ich vernichtet wird!

Schrittweise oder auch bisweilen mit einem Schlag, taucht dieses Selbst auf, nicht greifbar oder sichtbar, sondern gefühlsmäßig erfahrbar: Unsere Sinnesorgane sind noch vollständig da, sie nehmen nur auf eine andere Weise die Wirklichkeit, die äußere und die innere wahr. Ich schaue mit anderen Augen usw.

Ich bin in Berührung gekommen mit dem Mehr, was über mein alltägliches Ich hinausgeht, es transzendiert. In Berührung gekommen, und durch diese Berührung mit dem Transzendenten erfahre ich mein spontanes, mein Seins-Selbst. Ein Bild kann ich mir zwar nicht davon machen, aber dennoch sind wir sicher: Hier erlebe ich meine wesentliche Identität. Hier beginnt die Veränderung und wenn diese sich durchsetzt, die Verwandlung; also fragmentarisch im Anfang aber im Lauf der Zeit immer mehr und immer voller. Jetzt kommen neue Kräfte frei und ich kann, richtig gesammelt, viele Beschäftigungen leisten, ohne meine innere Sammlung zu verlieren, wie es in der Zen-Anekdote steht. Ich schließe ab mit einem Wort Eckeharts: „Wer sich auch nur einen Augenblick ganz lassen könnte, dem würde alles gegeben." (27)

Notizen zum Vortrag vom 21.03.1996

Von Angelus Silesius stammt der Ausspruch: „In jedem ist ein Bild dessen, der er werden soll/und eh er das nicht ist/ist sein Glück nicht voll." (28)

Der Dichter meint nicht das Bild als äußere, sondern als innere Gestalt. Das schließt sich an den Prozess der Identifizierung an, worüber wir letztes Mal gesprochen haben. Es geht um den Weg der Freiheit, des Loslassens, des Sich-Niederlassens und wir streiften an das „Sich eins werden lassen". Es ist, wie gesagt, der Weg der Freiheit, des immer mehr Leerwerden, frei von den Ichhaftungen. Merke wohl: Die Verben deuten ein Passiv an, lassen werden. Wir unterstrichen weiter, dass wir über „meditieren" sprechen, aber dass es eigentlich besser wäre, das Wort „üben" zu benutzen. Über längere Zeit erleben wir das Meditieren als anfanghaft, fragmentarisch, eben als üben. Aber schon diese stückweise Erfahrung genügt, um anders in den Alltag zurückzukommen; hier passt das vierte Glied Dürckheims: „Sich neu kommen lassen". Wer so weit gekommen ist, hat schon eine Strecke abgelegt. Schon hat sich einiges in ihm geändert: er ist gelassener, sei es, dass er sich doch immer wieder dafür einsetzen muss.

Dürckheim hat noch eine dritte Reihe der Meditationsformeln gegeben: „Weg von mir/Hin zu Dir/Ganz in Dir/Neu aus Dir"
Diese dritte Reihe, so sagte er, soll man nur ganz behutsam und sehr leise in sich flüstern, sie ist besonders gemeint für diejenigen, die dazu reif sind. Und mit reif meinte er, die schon einige Schritte ins andere Land gemacht haben, die möglicherweise dem Durchbruch zum Wesen nahe sind. Ein in dem Sinn wichtiges Buch ist „Durchbruch zum Wesen" (29) ein weiteres „Von der Erfahrung der Transzendenz". (30)
So tiefsinnig Dürckheim auch über den großen Durchbruch, über die Erleuchtung schreibt und spricht, so deutlich zeigt er doch, dass diese Erfahrung wesentlich nicht zu fassen und zu beschreiben ist. Man wird ja erfasst, man wird unerwartet überfallen von einer Wirklichkeit, die man aus Mangel an Besserem, das Sein nennen kann, wie z.B. auch Eckehart es tut. Dieser „Überfall" ist ein Gepacktwerden, das vollkommen unerwartet stattfindet und bestimmt nicht a priori während der Meditation. Es kann überall geschehen und zu jeder Zeit, dann werde ich „ganz in Dir" sein. Aber wie es dann stattfindet, das bleibt unsagbar. Dag Hammarskjöld spricht über ein „Wie" oder „Was" oder „Jemand", der holländische Theologe Kuitert über ein „Etwas Personartiges".

Es ist eine überwältigende Erfahrung, die uns bis zum Tiefsten berührt, eine numinöse Erfahrung. Sie spricht uns nicht nur an, sondern wir empfinden, dass wir im Tiefsten, essentiell, selber zu diesem Sein gehören, ja: ein Fünklein Sein sind. Eckehart spricht über „das Fünklein" in uns. - Offensichtlich ruht tief, oft sehr tief in uns verborgen diese Seins-Quelle, die - wenn sie offen kommt und unser Bewusstsein erreicht, uns unser Wesen enthüllt.
Unser meditatives Üben dient dazu, dass der Weg zum Sein freigemacht wird, aber ob und wann dieses Sein uns entgegenkommt, das bleibt ungewiss, das ist nicht in unserer Hand. Wir erfahren es, wenn

es geschieht, als Geschenk, ja als Gnade. Faszination und tremendum: So hat der berühmte Richard Otto es einmal gesagt. Es ist eine Erfahrung revolutionärer Art, eine Wandlung.

Man hat das Gefühl, dass in einem gewissen Sinne das lebendige Leben auf Erden erst jetzt und neu beginnt, auch im Alltag: „neu aus Dir".

Noch einige Schlussworte zur Ergänzung:

Es gibt den sogenannten großen Durchbruch eher selten und einzigartig und es gibt den kleinen Durchbruch, der sich mehrmals bei einem Menschen ereignen kann. Der kleine Durchbruch ist ein fragmentarisches Erleben der Seins-Wirklichkeit; bei dem großen wird man von dem Ganzen radikal berührt, vielleicht könnte man besser sagen: durchzogen. Bei beiden ist die Voraussetzung, dass der Mensch mehr oder weniger leer geworden ist, d.h. Ich-enthaftet ist. Der Einfluss, die Auswirkung auf das Verhalten, auf den ganzen Menschen ist entscheidend: Man „weiß" jetzt.

Demnächst werde ich einige Zitate geben von Menschen, in denen sie etwas über ihren Durchbruch sagen. Darin zeigt sich unter anderem, wie sie mitgeschleudert wurden und sich fast verrückt glücklich und dankbar fühlten, „volles Glück" wie Angelus Silesius es im einführenden Zitat sagte.

Zum Schluss noch eine Bemerkung: es gibt kein allgemeines, pauschales Kennzeichen der Art der Erleuchtung. Sie ist individuell geprägt. Eines haben sie aber grundsätzlich gemeinsam: Die Dualität von Ich-Nicht – Ich-von Subjekt-Objekt ist aufgehoben. Sie ist eine Art Eins-Werdung und insofern ist sie, ob kosmisch oder religiös oder beides, mystisch geprägt.

Ich möchte diese Einführung abschließen mit den bekannten Worten von Karl Rahner:
„Der Christ von morgen wird ein Mystiker sein, oder er wird nicht mehr sein." (31)

Notizen zum Vortrag vom 11.04.1996

Von Augustinus zitiere ich zwei Aussprüche: „Mein Leben soll ein wirkliches Leben sein" und: „Geschaffen hast Du uns zu Dir und ruhelos ist mein Herz, bis dass es seine Ruhe hat in Dir." (32)

Wie besprochen werde ich heute einige Berichte zitieren von Personen, die den Durchbruch erfuhren. Ohne Ausnahme, so zeigt es sich, waren sie nicht imstande, den Vorgang genau in Worte auszudrücken. Oft nur stammelnd konnten sie nur sagen, dass sie ihn, den großen Durchbruch, erlebten und welche Auswirkung er auf sie hatte.

Bei jeder Person kann mein Kommentar nur kurz bleiben. Welche Konsequenzen all dieses auf uns für unsere Praxis haben kann, darüber werde ich später etwas sagen.

Die einzige der Personen, die ich erwähnen werde, der einzige, der einige Jahre nach seinem Durchbruch vorsichtig in seinem Tagebuch über das Geschehen sprach war Dag Hammarskjöld, damals Generalsekretär der UNO (1957): „Einmal packtest Du mich, Schleuderer, jetzt in Deinem Sturm jetzt gegen Dein Ziel." (33) Bei den anderen zeigt sich wohl indirekt ein ähnlicher Vorgang, besonders bei Pascal (was nicht bedeutet, dass es immer so gehen müsste; es kann sich auch ganz leise, fast schleichend vollziehen, aber nie ohne Zittern und "Fieber", weil, wie gesagt, der Durchbruch ein Fascinosum und Tremendum ist).

Augustinus (ungefähr 400 n. Chr.): „Zu spät hab' ich Dich liebgewonnen, oh Schönheit, die so alt und doch so neu ist, zu spät hab' ich Dich liebgewonnen! Und sehe, du warst in meinem Inneren und ich war draußen und suchte Dich dort, und ich Ungestalteter, stürzte mich auf die schönen Dinge, die Du gemacht hast. Du warst bei mir, aber ich war nicht bei Dir. Die Dinge haben mich ferne von dir gehalten. Du hast mich eingeladen und gerufen, und meine Taubheit durchbrochen. Du hast geleuchtet und geglänzt und meine Blindheit vertrieben. Du hast lieblichen Duft verbreitet, und ich habe ihn geschnupft, und jetzt schmachte ich nach Dir, ich habe gekostet und jetzt hungere und dürste ich. Du hast mich berührt, und ich entbrenne

Zen und Mystik

nach Deinem Frieden." (34)

Es ist fast zu schön, nicht mehr von dieser Welt, es durchquert alles, was zum „Hörensagen" gehört. Aber wohl ist es vielleicht zu außerordentlich, zu selten. Deutlich ist wohl Augustinus Verzückung und die Erfahrung, dass das Geschehen von innen kommt. –
Das wird vielleicht noch klarer ausgesagt in diesem kurzen Gedicht von dem Holländer Jan Luyken (ca. 1700):

„Aber als Du Dich zu offenbaren beliebtest, da sah ich nichts von oben niedersteigen, sondern aus dem Grund meines Herzens kamst Du aus der Tiefe nach außen dringend, und wie einen Brunnen mein lechzendes Herz bespringen, so dass ich Dich, o Gott, erfuhr zu sein den Grund meines Grundes." (35)

Auch er hat das „ganz Andere" gefunden (oder besser: er wurde gefunden), und zwar nicht „oben", sondern in seinem eigenen Inneren.

Ergreifend ja fast roh klingen diese Stichworte von dem berühmten Philosophen und Mathematiker Blaise Pascal, der - wahrscheinlich nach einem schweren lebensgefährlichen Unfall - eine Durchbrucherfahrung erlebte und diese so notierte: „Am Montag, 23. November, 1654 von etwa zehneinhalb Uhr abends bis ungefähr eine Stunde nach Mitternacht - FEUER, Gott von Abraham – nicht von Philosophen und Intellektuellen - GEWISSHEIT - SICHERHEIT - EMPFINDUNG - FREUDE - FRIEDE - GOTT JESU - FREUDE - FREUDE - FREUDE - Tränen der Freude!" (36)

Diese Worte hatte Pascal in sein Mantelfutter genäht, damit er sie immer bei sich hatte. Er hatte mit niemandem über seine spirituelle Erfahrung gesprochen. Ein Diener fand die Aufzeichnungen nach Pascals Tod beim Aufräumen. Auch hier ein totales unerwartetes „Überfallen werden" und auch hier, wie bei den anderen, ein Erleben, das quer durch alles normale Denken hindurchgeht.

Das nächste Mal werde ich noch einiges sagen über Gustav Mahler. Dag Hammarskjöld und die Erfahrung einer sterbenden jungen Frau.

Notizen zum Vortrag vom 25.04.1996

"Um das zu besitzen, was Du (noch) nicht besitzest, musst Du den Weg der Entäußerung gehen, um das zu werden, was Du (noch) nicht bist, musst Du den Weg gehen, auf dem Du nicht bist." T.S. Eliot (37)

Heute möchte ich die Reihe der Personen fortsetzen, die einen großen Durchbruch erlebten, oder, wie bei Gustav Mahler und bei der jungen, sterbenden Frau, anders starben.

Bei dem großen Musiker Gustav Mahler (ca. 1900) äußerte sich sein Durchbruch nach tiefer Verzweiflung und sehr schmerzlichen Ereignissen in seinen letzten drei Kompositionen, die total „anders" waren, als alles, was er vorher geschaffen hat.

Innerhalb kurzer Zeit starb in wenigen Tagen seine von ihm sehr geliebte älteste Tochter, wurde seine Frau schwer krank, musste er seine Arbeit nach 10 erfolgreichen Jahren in Wien aufgeben und - das war wohl ausschlaggebend - wurde nach einer beiläufigen medizinischen Untersuchung festgestellt, dass er eine schwere und unheilbare Herzkrankheit hatte, die ihm nur noch wenige Lebensjahre geben würde. Er wusste jetzt, dass er ein Todgeweihter war. Verzweifelt schreibt er an Bruno Walter: „Ich muss gestehen, dass ich mit einem Schlage alles an Klarheit und Beruhigung verloren habe, was ich je errungen. Ich stehe vis-a-vis du rien (vor dem Nichts) und jetzt, am Ende meines Lebens, muss ich als Anfänger wieder gehen und stehen lernen." (38)

Mahler hatte sich während seines Lebens oft mit Leben und Tod beschäftigt, auch musikalisch. Jetzt war es buchstäblich tödlicher Ernst, daher seine zeitweilige Desintegration und Depression. Ein Freund schickte ihm ein Buch mit Gedichten von Changtse und Mahler las die Gedichte wieder und wieder und ganz plötzlich entzündet sich seine musikalische Kreativität wieder neu.

Auf einmal kommen drei Werke zustande (das letzte unvollendet), die über das bisherige hinausgehen. In dieser Musik wird jetzt die Ohnmacht des Ich sich selbst bewusst. Mahler hat jetzt alles losgelassen und erfährt, dass die allertiefste Subjektivität die allertiefste Seins-Objektivität erzeugt. Jetzt lernt er, neu zu gehen und zu stehen. Und er schreibt: „Wenn ich Musik höre... höre ich ganz bestimmte Antworten auf all meine Fragen und bin vollständig klar und sicher... Was ich erfahre, muss ich Stück für Stück, sehr langsam, verdauen: eine neue Welt des Diesseits, eine neue Erfahrung des Jenseits." (39)

Das fast Unfassbare ist, dass Mahler imstande war, diese Erfahrungen in Musik umzusetzen. Schönberg sagte: Er selbst hat sich in einen Jenseitigen verwandelt.

Auch Dag Hammarskjöld stand am Rande des Lebens. Er beschäftigte sich intensiv mit dem Tod, große Angst hatte er, dass er vorzeitig sterben würde.

Er war ein sehr einsamer Mensch und litt darunter; mehrmals fühlte er sich zum Suizid getrieben. Als Generalsekretär der UNO erlebte er ihre damalige schwere Krise und Ohnmacht in einer Zeit voller Kriege und Ermordungen. Es ist die Zeit des Kalten Krieges und der Freiheitsbestrebungen Afrikas auf dem Weg der Entkolonisierung. Niemand kannte Hammarskjöld eigentlich, sei es, dass er sehr gelobt und geschätzt wurde wegen seiner vorzüglichen Arbeit. Groß war daher die Überraschung, als man nach seinem gewalttätigen Tod unter den Papieren in seiner New Yorker Wohnung ein Tagebuch fand, eine Sammlung von ca. 500 Aufzeichnungen sehr persönlicher Art. Darin nichts von der Außenwelt, sondern, wie er selber einem Freund gesagt hatte: „es ist eine Art Weissbuch meiner Verhandlungen mit mir selbst und mit Gott". (40)

Unter dem Titel „Vägmarken" (Wegzeichen) erschien dieses berühmte Büchlein auch in einer deutschen Übersetzung mit dem Titel „Zeichen am Weg". Was bezeugen diese Tagebuchaufzeichnungen?

Bis ungefähr 1953 war Hammerskjöld oft fast zum Tode verzweifelt. Aber: In seinen letzten acht Jahren (an sich äußerst schwierige Jahre in der Außenwelt), schien er sich befreit, sogar glücklich zu fühlen, und zwar, weil ihm unerwartet die rettende Erfahrung zuteil wurde: die Antwort nämlich auf seine dringenden Existenzfragen. Er wurde

Teil IV: Einführungen in die Meditationsabende

auf einmal „gepackt" und dadurch befreit. Er notiert aber nur dies: „Du, den ich nicht kenne, dem ich doch gehöre. Du, den ich nicht verstehe, der dennoch mich weihte meinem Geschick, DU." (41)

Es ist, als sei der persönliche Gott für einen winzigen Augenblick aus seinen rätselhaften Kulissen hervorgetreten. Aus Hammarskjölds einstigem „Ja zum Tod" wurde ein „Ja zum Leben". Kurz vor seinem gewalttätigen Tod heißt es im Rückblick auf diesen Durchbruch acht 8 Jahre zuvor: „Ich weiß nicht, wer - oder was - die Frage stellte, ich weiß nicht, wann sie gestellt wurde. Ich weiß nicht, ob ich antwortete, aber einmal antwortete ich JA zu jemandem oder zu etwas. Von dieser Stunde her rührt die Gewissheit, dass das Dasein sinnvoll ist und darum mein Leben in Unterwerfung ein Ziel hat... Ich erreichte eine Zeit und einen Ort, wo ich wusste. Dem Vergangenen Dank, dem Kommenden Ja. Nicht ich, sondern Gott in mir." (42)

Auch hier die Erlösung das sichere Wissen: Dag Hammarskjöld, sicher kein frommer kirchlicher Mensch, fühlt sich im wahren Sinne berufen. Während seiner allerletzten Jahre erfuhr man seine Verwandlung zu einem warmherzigen Menschen voller Liebe und - vor allem - leuchtend und licht. Es ist auch durch sein Zutun gelungen, dass mitten im UNO-Gebäude ein Meditationsraum entstand.

Dass die Durchbrucherfahrung an sich eine spirituell-religiöse Erlösungsauswirkung haben kann, zeigt das Schicksal meiner ersten Frau, die nach ihrem schweren jahrelangen Leiden auf ihrem Sterbebett plötzlich einen Durchbruch voller Glanz und Licht erfuhr. Ich saß neben ihr und wurde am Rande auch berührt. In der letzten Viertelstunde ihres Lebens rief sie in vollem Bewusstsein fast triumphierend mit ihren allerletzten Kräften aus: „Gott besteht. Jetzt weiß ich es. Ich weiß jetzt, dass Gott besteht und ich bin so glücklich, dass ich es noch sagen durfte. Sag' es jedermann: Gott besteht! Ich schließe jetzt meine Augen und werde nicht mehr wach."

Ihr „Ja" zum Tod wurde ein „Ja" zum ewigen Leben, das den Tod übersteigt.

Ich schließe ab mit einigen Sätzen von Dag Hammarskjöld, die im

UNO-Meditationsraum stehen:

„Dieser Raum ist dem Frieden und denen gewidmet, die ihr Leben dem Frieden geben. Es ist ein Raum der Stille... Wir alle haben in uns einen Kern der Ruhe, von Stille umgeben... Es besteht ein altes Wort, dass der Sinn eines Gefäßes nicht zu finden ist in seiner Form, sondern in der Leere. So ist es auch mit diesem Raum. Für diejenigen, die hier eintreten, bedeutet es eine Aufgabe, die Leere dieses Raumes zu füllen mit dem, was sie in ihrem eigenen Kern der Ruhe erfahren." (43)

Notizen zum Vortrag vom 02.05.1996

„Jeder Mensch sehnt sich danach, dass sein Leben Glanz bekomme, dass das Graue des Alltags durchbrochen wird." (44)

Wenn ich heute versuchen möchte auszuwerten, was diese Durchbrucherfahrungen herbeigeführt haben und herbeiführen können, dann kann ich dieses nur zum Teil tun.

Erstens: Es ist offensichtlich unmöglich, das Wie, den Vorgang im Einzelnen darzustellen; ich habe das früher schon gesagt. Das Einzige, was klar ist: Es geschieht unerwartet, man weiß selber nicht, was los ist. Dass etwas „Heiliges" sich ereignet, das aber weiß man genau. Oft ist die Rede von etwas Leuchtendem, etwas sehr Ungewöhnlichem, Zeichen eines Tremendum.

Dass das Erlebnis über das Ich hinausgeht, es transzendiert, dessen ist man sich während des Geschehens bewusst, man nimmt es ganz klar wahr. Dass man sich hüten muss, sich auf irgendeine Weise, z.B. mit Gedanken, einzumischen, das weiß man. Bezeichnend ist, dass man einfach jetzt weiß, jetzt sicher ist und überglücklich - all das gehört zu dieser Erfahrung. Sicher ist man, dass es keine Fata Morgana oder psychologische Projektion ist, sicher ist man, dass es konkrete Wirklichkeit ist, nicht ergreifbar, wohl erfahrbar, aber vollständig ohne eigene Initiative. Zen-Meister vergleichen diese Erfahrung qua Erfahrungsweise mit echter Liebeserfahrung.

Über die Auswirkung kann unter anderem folgendes gesagt werden. Es gibt eine ganze Menge von Auswirkungen, die fast alle 'Durchbruchpersonen' charakterisieren. Einige habe ich schon beschrieben. Ich erwähne noch, dass man die Erfahrung als erlösende Befreiung empfindet; man fühlt große Dankbarkeit und Liebe, Gelassenheit, Sicherheit, Ruhe und - ohne dass es verbalisiert wird - Gewissheit über den Sinn seines Lebens, selbst mit dem Sterben vor Augen. Diejenigen, die zu der Welt zurückkehren, entfalten eine ungeheuer große Energie und schöpferische Leistung (Ich denke an Augustinus, Dag Hanmarskjöld, Pascal, sowie an Dostojewski, Thomas Merton u.a.). Natürlich, so ideal gradlinig sind diese Erleuchteten in ihrem Verhalten und Auftreten auch nicht immer gewesen, aber es ging eine Ausstrahlung von ihnen aus, die auch andere und nicht selten die Zukunft inspirierten; sie waren und sind oft wegweisend bis in unsere Zeit. Ich denke an Jesus und Buddha, aber auch an Johannes vom Kreuz, Teresa von Avila, Meister Eckehart und andere. Nicht umsonst gab die bekannte amerikanische Schriftstellerin Anne Bancroft einem schönen Buch über einige mittelalterliche Mystiker den Titel „Mystiker, Wegweiser für die Zukunft". Bisweilen weiß die betroffene Person selber, dass sie für die Zukunft gelebt hat, so z.B. Gustav Mahler: „Meine Zeit kommt nach meinem Tode." (45)

Sicher, das sind die ganz großen Persönlichkeiten, die ihre Gaben zur Verfügung stellen, Hammarskjöld im politischen Bereich, Gustav Mahler als Musiker, Dostojewski als Schriftsteller usw. Aber grundsätzlich trifft es für uns alle zu, sei es auch in einem kleinen bescheideneren Bereich. Auch unser Leben hat Glanz bekommen.

Was ist nämlich geschehen? Offensichtlich sind all diese Menschen mit einer anderen Wirklichkeitsdimension, der Seins-Dimension, in Berührung gekommen, wobei Zeit und Ort aufgehoben sind. Diese Berührung an sich genügt schon, um eine fundamentale Änderung, ja, Wandlung zu verursachen.

Bei allen ist die Rede von Neuheit, sogar von neu geboren werden. Auch die Bibel spricht davon. Ausgelöst wird diese Berührung, wenn der Mensch quer durch die äußere Wirklichkeit, durch den Alltag hindurch gebrochen ist; wenn er offen geworden ist für eine Realität, die in uns selber im Untergrund lebte und jetzt emporsteigt. Dazu muss fast immer etwas Starkes, etwas Eingreifendes geschehen sein, das uns bis ins Tiefste ergreift. Bei vielen ist das - in irgendeiner Form - die Begegnung mit dem Tod, eine schwere Krankheit, ein ernster Unfall - etwas, bei dem man die Ohnmacht des Ich durch und durch erfährt, auch eine Beinahe-Tod-Erfahrung kann dazu führen. Man stößt auf das Nichts und lässt buchstäblich alles los. Und gerade dann kann das Unglaubliche geschehen. Und hier entzieht sich uns, was geschehen kann. –

Es geht hier also um äußerst wichtige, existenzielle Dinge, es geht um die letzten Dinge. Man könnte auch sagen: es geht um die Gnade, vom Sein-in-uns berührt und getragen zu werden, wobei - wie wir gesehen haben - letzten Endes die Initiative nicht mehr von uns ausgeht.

Nicht umsonst sagt Jesus im Thomasevangelium (das älter ist als unsere synoptischen Evangelien): „Wer denkt, das äußere All zu kennen aber nicht sich selber, der versagt vollkommen." (46) Selbsterkenntnis in ihrem allertiefsten Sinn ist der Schlüssel des Lebens. Wer vom Sein in sich selber berührt wird, weiß unumstößlich um die Wesentlichkeit dieser Wirklichkeit; er kann selbst in seiner Sterbensstunde voller Vertrauen lebendig glauben. Der Christ lebt von seiner Christusbeziehung und Wirklichkeit, in der er zu Hause ist; der Buddhist von seinem Buddha-Glauben.

Zum Schluss noch einige Worte über die Qualität der Seins-Wirklichkeit. Darauf kann man nicht in direkter Weise antworten. Im Nachhinein, und sich verlassend auf ihre Auswirkungen, könnte man sagen, dass sie barmherzige warme Liebe atmet und Güte ausstrahlt, und nicht gebunden an Zeit und Ort, unvergänglich, ewig ist. Kurz, dass sie so ist, wie Jesus sie erfahren hat.

Notizen zum Vortrag vom 23.05.1996

Das Wiedersehen
'Ein Mann, der Herrn K. lange nicht gesehen hatte, begrüßte ihn mit den Worten: „Sie haben sich gar nicht verändert." „Oh!" sagte

Herr K. und erbleichte. (47)

"Sich neu kommen lassen (sich neu wiederfinden; neu aus Dir)": so lauten die letzten Zeilen der Dürckheim-Meditationsformel. Zurück im Alltag - was nun? Eigentlich zeigt es sich durch sich selber: Was in der Meditation in Bewegung gebracht wurde, will fruchten. Sicher, der Mensch wird lockerer, geduldiger, gelassener, liebevoller und ruhiger; es kommt Kraft frei und jetzt möchte er diese auch neu im Alltag anwenden. Man braucht dazu nicht ein großer Durchbruchmensch zu sein, obschon bei dieser Kategorie am deutlichsten demonstriert wird, was alles neu geschafft wurde; das zeigt die eindrucksvolle spirituelle und praktische Arbeit der schon erwähnten Personen, wozu auch Teresa von Avila und Vincent van Gogh gehören. Jeder hat mit den Gaben, seinen Talenten, gewuchert, selbst im allerletzten Moment seines Lebens wie bei Gustav Mahler. Es fällt dabei auf, dass weitaus die meisten gar nicht solche Kraftmenschen waren, die aufgrund ihres Überflusses an physischer Energie so viel schaffen konnten, oft auch noch quer durch viele Widerstände der durchschnittlichen Welt hindurch. Ihr Leben hatte Glanz bekommen und diesen konnte man ihnen nicht mehr abnehmen.

Aber wir, so wie wir hier sind, was nun? Der zurückgekommene Alltag ist stark, öfters riesenstark, und versucht, uns wieder zurückzuziehen in seinen Sog. Wer kennt diese Spannung nicht aus eigener Erfahrung? Was nun?

Im Folgenden werde ich Sie vielleicht etwas enttäuschen, weil ich mich nur auf eine Empfehlung beschränke. Außerdem werde ich auf einige wertvolle kleine Bücher verweisen.

Worum es immer geht, ist, dass wir imstande sind, uns gegen die fortwährenden Anschläge auf unsere Herzmitte zu wehren, diese zu schützen und zu stärken. Die bleibende Verbindung mit dieser Mitte ist von grundlegender Bedeutung bei allem, was wir tun, auch beim Denken und bestimmt beim Handeln.

Durch die meditative Übung ist diese Mitte lebendig geworden und von da aus wird das, was wir tun, lebendig. Allzu oft erfahren wir, dass sie unter dem Druck von außen wegtaucht, aber dann sind wir dem Alltagsstrom ausgeliefert und verloren. Dieser negativen Erfahrung gewahr zu sein, bedeutet schon einen Schritt weiter, um immer aufs Neue die Mitte wiederzufinden. Wir müssen uns aber die Zeit gönnen und diese coûte que coûte nehmen, um uns mitten im Gedränge eine Weile zurückzuziehen (räumlich, wenn möglich, sonst qua Verhalten, Schweigen z.B.) und uns dann aufmerksam sinken zu lassen. Das, was uns verletzt, irritiert oder unter Druck setzt, sinken lassen ohne Gegenwehr, ohne Verdrängung. Oft hilft dabei das uns wohlbekannte Folgen der Atmung, besonders erst beim Aushauchen, dann wieder beim Einatmen (lassen). Wenn man das 10 x macht, dieses Folgen des Atems, und das aufmerksam macht, kommt man wieder zu sich selber. Es ist mehr, als etwas Abstand gewonnen haben. Auch wenn es nur eine Fraktion ist, es ist genug, um etwas anderes zu hören, zu reagieren, zu tun. Es hat eine heilsame Auswirkung, nicht nur für mich selber, sondern auch für die anderen. Es ist nämlich ansteckend.

Für mich ist diese Übung - man muss üben! - immer ausschlaggebend gewesen. Und wer das Heilsame davon in der Praxis des Alltäglichen erfuhr, wird erfinderisch sein, diese Übung im Alltag immer wieder anzuwenden, meistens ohne dass andere es bemerken, oder sich an ein bestimmtes Zurückhalten gewöhnen. -

Es gibt sicher noch andere Möglichkeiten. Ich möchte jetzt ein paar Bücher erwähnen, die sich in diesem Bereich mit dem Thema beschäftigen.

Abgesehen von dem Büchlein von Dürckheim „Der Alltag als Übung" (das, wie Sie wissen, ein 'eye-opener' zur Meditation für mich war, weil es eben um die Bezeugung im Alltag ging. Sonst hätte die Meditation mir gestohlen bleiben können.) empfehle ich vor allem das schon vielen bekannte Büchlein des Psychologen Wunibald Müller: „Gönne dich dir selbst".

Es geht nicht darum, dem Ich mehr zu gönnen, sondern dem Selbst, und das ist ein wesentlicher Unterschied. Besonders spricht er über die Gefahr des 'burn-out' (des ausgebrannt sein) bei Menschen in helfenden Berufen. Den Titel hat er einem Brief von Bernhard von Clairvaux an seinen Papst entnommen, in welchem er unumwunden die Wahrheit sagt. -

Das zweite Büchlein: „Das Wunder der Achtsamkeit" wurde von dem bekannten, liebenswürdigen buddhistischen Zen-Meister Thich Nhat Hanh geschrieben und beschäftigt sich besonders mit dem alltäglichen Leben.

Zum Schluss: Wenn wir die kleine Geschichte nochmals betrachten, mit der ich angefangen habe, in der Herr K. erbleichte, als der Mann, der ihn lange nicht gesehen hatte, gesagt hat: „Sie haben sich gar nicht verändert", - Sie können jetzt sicher raten, warum Herr K. erbleichte ...

Notizen zum Vortrag vom 06.06.1996

Die heutige Einführung wird diesen Zyklus abschließen. Einige Worte werde ich noch über die Vorbereitung der Meditation sagen und über den Stil und dann enden mit dem Versuch, ein Fazit zu ziehen.

Ich möchte auch heute mit einem Zitat beginnen, ein Wort Jesu, wie es in dem apokryphen Evangelium Oxyrhynchus steht: „Wer sucht, soll nicht ruhen, bis er findet; wenn er aber gefunden hat, wird er staunen. Staunend wird er das Reich erlangen, und hat er es erlangt, wird er zur Ruhe kommen." (48)

Über die Vorbereitung zur Meditationsübung will ich mich kurz fassen, weil jeder von Ihnen damit wohl vertraut ist. Dinge, wie und wann man üben soll und noch einige andere Aspekte der Vorbereitung, sind bekannt. Sie wissen, dass ich, verglichen mit dem klassischen östlichen Zen-Stil und den Zen-Bedingungen, ziemlich locker bin. Nicht aber, wenn es um die Regelmäßigkeit des Übens geht und um die eigene Verantwortung. Man soll von der Meditation auch keine krampfhafte Ideologie machen, aber wohl treu üben. Über Meditationserfahrungen soll man bestimmt nicht miteinander schwätzen; Meditation ist ja kein Gesellschaftsspiel. –

Bei der Vorbereitung sind einfache eutonische Übungen eine gute Hilfe, weil dadurch der Körper lockerer und lebendiger wird, besser

imstande, die inneren Prozesse zuzulassen, besonders die Atmung.
   Dürckheim spricht über den Körper, den man nicht hat, sondern der man ist. -
   Eine Hilfe kann sein, wenn man vor der eigentlichen Übung kurz etwas liest oder hört, was den Geist empfänglicher macht, aber keine komplizierte, längere Betrachtung. Wenn man in die Versenkung geht, muss man es loslassen. Und wenn einem während des Meditierens etwas Wichtiges einfällt, das man bestimmt nicht vergessen darf, ist es oft gut, die Meditation zu unterbrechen, in Stichworten das Wichtige zu notieren, es dann loszulassen und weiter zu üben. -
   Der Raum, in dem man übt, soll einfach sein, gut gelüftet und still. Aber nicht etwas „Heiliges", wohl, wo man bedachtsam ein- und austritt. Nicht zu kalt, nicht zu warm. Und man soll sicher sein, nicht gestört zu werden. -

Versuch eines Fazit:

- Die Meditation ist ein Weg, der eine Berührung durch die Seins-Wirklichkeit ermöglicht. Es ist ein Weg der Freiheit. Der Akt der Berührung selbst liegt nicht in unserer Hand, sie wird als Gnade erfahren und hat eine verwandelnde Auswirkung auf unsere Person, auch eine sinnverleihende Auswirkung, einfach durch die Berührung, durch die Seins-Erfahrung an und für sich.

- Auch wenn der Meditierende fragmentarisch zum Durchbruch kommt, wird er gewahr, dass das Sein zwar als Wirklichkeit nicht ergreifbar ist, sondern wohl konkret erfahrbar als wirkliche Wirklichkeit. Erfahren wird sie als wesentlich, unzerstörbar. Aber immer wird sie nur erlebt, wenn die greifbare äußere Wirklichkeit durchbrochen wird. Oft geschieht das durch eine Krise; der Durchbruch hat eine spirituell erlösende Wirkung.

- Die Durchbrucherfahrung steht u. a. im Zeichen von Eins-Werdung. Die Trennung von Subjekt und Objekt fällt weg, ebenfalls die Zeit- und Ortdimension.

- Widersacher ist die Ich-Seite unserer Person, die nach außen gewendet ist. Das Ich ist in seinem Tun und Lassen, seinem Denken, Fühlen und Handeln an diese Realität gehaftet. - Die Haftungen sind stark, müssen aber doch überwunden werden, um den Weg zu bahnen für das verborgene Sein. Das Überwinden vollzieht sich nicht durch Gewalt, nicht dadurch, es nur zu wollen, sondern von innen her durch bewusstes Lassen. Gelingt das, dann erfährt man es als Freiheit.

- Eine wichtige Konsequenz des meditativen Übungsweges ist die Reintegrierung, die Umkehr: Der Mensch versucht, im Zeichen seiner inneren Wandlung sein Diesseits auf der Erde von dem Geist des wesentlichen Sein her zu leben - er erfährt es als eine neue Geburt, weil er jetzt „weiß".

Kurz zusammengefasst: Meditation ist der königliche Lebensweg.

Text im Meditationsraum der UNO von Dag Hammarskjöld

Dieser Raum ist dem Frieden und denen
gewidmet, die ihr Leben dem Frieden geben.
Es ist ein Raum der Stille, in dem nur
Gedanken sprechen sollen.
Wir alle haben in uns einen Kern der Ruhe, von Stille umgeben.

Dieses Gebäude, das bestimmt ist zur Arbeit und Beratung im Dienste des Friedens, muss einen Raum haben, welcher der Stille gewidmet ist im wahrnehmbaren Sinne und im innerlichen Sinne.

Es war die Absicht, mit diesem kleinen Ort einen Raum zu schaffen, wo die Türen offen stehen können zu den unendlichen Gebieten des Denkens und des Betens.

Menschen aus verschiedenen Konfessionen werden sich hier begegnen. Daher haben wir keine Symbole angebracht, die wir in unserer Meditation anwenden. Alle sollen hier zuhause sein können.

Es bestehen aber einfache Dinge, welche uns alle in derselben Sprache ansprechen. Wir haben etwas gesucht und wir glauben, es gefunden zu haben in der Lichtgarbe, die auf die blinkende Oberfläche eines massiven Felsblocks fällt. Mitten in diesem Raum sehen wir also ein Symbol: Täglich schenkt das Licht des Himmels Leben an die Erde, auf der wir stehen; ein Symbol für viele unter uns: Das Licht des Geistes schenkt Leben an die Materie.

Aber das Gestein mitten im Raum hat uns mehr zu sagen. Wir können es sehen wie einen Altar. Leer, nicht, weil kein Gott besteht, nicht, weil es ein Altar für einen unbekannten Gott sein soll, sondern weil es dann Gott gewidmet ist, der vom Menschen unter vielen Namen und in vielen Gestalten angebetet wird.

Das Gestein mitten im Raum erinnert uns an das Unerschütterliche und Beständige in einer Welt der Bewegung und Wandlung.

Der Eisenerzblock hat die Schwere und Solidität der Ewigkeit. Es ist ein Hinweis auf jenen Eckstein der Standhaftigkeit und des Vertrauens, worauf das ganze menschliche Bestreben gegründet sein soll.

Das Material des Gesteins führt uns zu dem Gedanken über die unvermeidbare Wahl über Vernichtung und Aufbau, zwischen Krieg und Frieden. Man hat aus Eisen Schwerter geschmiedet, aus Eisen hat man auch Pflugscharen gemacht. Aus Eisen hat man Panzer fabriziert, aber mit Eisen hat man auch Häuser gebaut. Der Eisenblock ist ein Teil der Reichtümer, die wir auf unserer Erde geerbt haben. Wie werden wir diese benutzen? Die Lichtgarbe fällt auf das Gestein in einem Raum von äußerster Schlichtheit. Es gibt keine anderen Symbole, es gibt nichts, das unsere Aufmerksamkeit ablenken oder die innere Ruhe in uns stören könnte.

Wenn unsere Augen von diesen Symbolen zu der Wand an der Vorderseite gehen, begegnen sie einer einfachen Plastik, die den Raum öffnet für Harmonie, Freiheit und räumliches Gleichgewicht.

Es besteht ein altes Wort, dass der Sinn eines Gefäßes nicht zu finden ist in seiner Form, sondern in seiner Leere. So ist es auch mit diesem Raum.

Für diejenigen, die hier eintreten, bedeutet es eine Aufgabe, die Leere zu füllen mit dem, was sie in ihrem eigenen Kern der Ruhe erfahren.

Die letzten elf Vorträge aus dem Jahr 1997

Im Jahr 1997 hält Hans Ringrose aufgrund seines Alters seine letzten elf Vorträge.
Im 85. Lebensjahr will er seine Meditationsgruppe in der guten Hoffnung loslassen, dass sie nun allein weitergehen kann und wird.

Vortrag vom 27. Februar 1997

In zwei Einführungen werde ich versuchen, die Grundlinien meines Meditationsstils zu skizzieren. Wir haben diesen jetzt fast zehn Jahre lang geübt. Mit fünf Teilnehmern haben wir zu Hause angefangen. Jetzt zählt unsere Gruppe fast 25 treue Leute.

Weil ich mich auf Grundlinien beschränken werde, wird es um „kahle" Hauptsachen gehen ohne Ausarbeitungen. Das meiste ist Euch bekannt.
Graf Dürckheim war mein Lehrmeister, das wisst Ihr. Vor mehr als 30 Jahren zog ich, 54 Jahre alt, für's erste mal nach Rütte. Nach einigen Jahren des Übens in seiner Begleitung erhielt ich von ihm die Bescheinigung, Meditationslehrer zu werden. Später erlaubte er auch einige Änderungen im Meditationsstil in dem Sinn, wie er jetzt gestaltet ist. Der Stil wurde vereinfacht, ganz auf das Wesentliche beschränkt. Auch die persönliche Verantwortung wurde betont.
In dem Interviev mit Klemens Speer habe ich die Gründe dieser Änderungen angesprochen. Ich fange jetzt mit der ersten Einführung an, die besonders von der „Absicht der Meditation" handelt und der Praxis.

I. Worauf zielt die Meditation?

"Sie zielt darauf, dass unser wesentliches Selbst durchbricht, freikommt." Meister Eckehart spricht vom „Fünklein" in uns. (49) Etwas vom ewigen Leben lebt für's erste verhüllt, überdeckt, verborgen in uns. Es ist mehr als Überleben, als Ich-Behauptung, es geht über unsere Vergänglichkeit hinaus. Mehr oder weniger ahnen wir diese verborgene Möglichkeit in uns. Ja, wir ahnen, dass die Erfahrung des Sinns unseres Lebens eng verbunden ist mit der Berührung und Befolgung dieses Selbst. Dürckheim spricht hier von dem „Meister in mir". (50) Es geht darum, dass wir aufbrechen und uns auf diesen Weg begeben zu diesem Meister; dass wir diesen Weg entdecken, ihn freimachen, ja zum Weg werden und zuhören, welche Anweisungen der Meister uns gibt. Die Übung der Einkehr, der Meditation, des Loslassens von allem, was diese Perle überdeckt, den Entdeckungsweg nach Innen, das ist der Weg zu dem Meister in mir - man spricht hier wohl vom königlichen Weg.

II. Weg nach innen

Das impliziert einen entscheidenden Schritt: Statt dem Weg nach außen zu gehen heißt es, sich in erster Instanz nach innen zu wenden. Dazu müssen die "richtigen Umstände" geschaffen werden, allgemein und für die persönliche Praxis. Ich zähle nun punktweise drei Grundbedingungen auf:

- die alltägliche, individuelle, ungestörte und feste Einkehrzeit in einem geeigneten Raum der Stille;
- eine regelmäßige Meditationszeit und -Übung in einer Gruppe;
- sachkundige Begleitung (gründend auf eigenen Erfahrungen und anderen Meditierenden).

III. Was die Übungspraxis an sich betrifft

- das Schweigen, sozial und innerlich
- die richtigen eutonischen vorangehenden Übungen (oder an-

dere Entspannungsübungen)
- die richtige aufrechte Haltung des Sitzens
- die Ungegenständlichkeit
- das Folgen der Tiefatmung
- das innerliche Wahrnehmen

IV. Die Absicht dieser Praxis

- das Loslassen der Ich-Haftung ohne Zwang und Verdrängung
- das innerlich sich Öffnen
- das achtsame Zulassen all dessen, was aus der Tiefe und aus seinem Dunkel hochkommt, freikommt
- lernen, mit innerem Widerstand umzugehen

Dieser Stil bietet, gerade weil er äußerlich so einfach ist, besondere Entdeckungschancen auf dem Weg nach innen. Er fordert wohl einen vollen Einsatz.

Vortrag vom 13. März 1997

In der vorhergehenden Einführung erwähnte ich einige grundsätzliche Aspekte, durch die der Einkehrweg, der Weg nach innen, zum Selbst ermöglicht wird. Dies haben wir hier zusammen regelmäßig geübt. Genau genommen stehen diese Aspekte im Gegensatz zu dem „Auskehrweg", dem Weg des Tuns, der Lust und des Überlebens. Es geht also um das stille, schweigende, unbewegliche, nichts-tuende Sitzen statt des mobilen „außer-Atemkommendes" Leisten usw. Es ist der Weg der Entleerung, der Ent-Ichhaftung. Wesentlich soll man ihn alleine gehen.

Und gerade daher habe ich auf eine straffe Leitung von „oben, von außen her" verzichtet und mich beschränkt auf ein Minimum der Begleitung unter besonderer Beachtung der oben erwähnten Grundbedingungen des Einkehrwegs. Also: auf die Praxis des Übens.

In persönlichen Gesprächen handelte es sich besonders um das Aufspüren innerer Hemmung und um Hindernisse beim Loslassen.

Oberflächlich gesehen scheint der Meditierende sich selbst überlassen zu werden. Außer dem Folgen der Atmung gibt es bei der ungegenständlichen Meditation keine anderen Anhaltspunkte. Unser Meditationsstil ist kahl, alles andere als pittoresk. Es hat das Ansehen eines „Laissez-faire", alles lassen. Sehr viel wird gefordert von Motivation, Verantwortung, Geduld. Und gerade das passt in unsere westliche Kultur. Natürlich, wir alle brauchen Ermutigung, sowohl durch eine gemeinsame Übung als auch von der Meditationsbegleitung. Wesentlich aber geht es um die Stimme des Meisters-in-uns. Damit diese sprechen kann und wir sie erhorchen können, sollen die Umstände einfach sein und unser Inneres leer.

„Die Übung sei einfach und leicht wiederholbar." (51) Das war ein Kernspruch Graf Dürckheims. Ob wir die Gnade eines Durchbruchs zum Wesen erfahren, das ist nicht in unserer Hand. Vor allem geht es um den Weg zum Selbst, den Weg, selbst zu werden. Im Licht davon erfährt man, was wesentlich Leben und was wesentlich Liebe ist.

Ganz kurz kann man sagen: Bei der Meditation geht es darum, dass wir die Stimme des Meisters-in-uns hören. Die Möglichkeit dazu zu eröffnen, gehört zu unserer menschlichen Verantwortung. - Wer diesen Lebensweg auch in mystisch religiösem Sinne erleben möchte, den möchte ich verweisen auf ein Büchlein von Anselm Grün „Spiritualität von unten". (52)

Mit einer tiefen Betrachtung von Sören Kierkegaard möchte ich abschließen. (Für Gebet kann man auch Meditation sagen).

"Als mein Gebet immer stiller wurde
da hatte ich immer weniger und weniger zu sagen.
Zuletzt wurde ich ganz still.
Ich wurde, was womöglich ein größerer
Gegensatz zum Reden ist,
ich wurde ein Hörer.
Ich meinte erst, Beten sei Reden.
Ich lernte aber,
dass Beten nicht nur Schweigen ist, sondern Hören.

So ist es: Beten heißt nicht
sich selbst reden hören,
beten heißt, still werden und still sein
und warten, bis der Betende Gott hört." (53)

Vortrag vom 20. März 1997

In der Regel sind wir damit beschäftigt - meistens unbewusst – unser leeres Leben zu füllen. Je voller es wird (je mehr wir tun und wissen und sammeln), je mehr hegen wir das Gefühl, dass wir sinnvoll leben. Nur wenn wir zuviel machen und erreichen wollen oder zu wenig machen können, haben wir den Eindruck: Da geht etwas schief.

Oft ist es so, dass zuerst etwas schief gehen muss, ehe wir bemerken und wirklich wahrnehmen, dass ein Warnsignal blinkt.

Sehen wir genauer hin, sagt das Signal: Diese einseitige Sinngebung, eine Betonung von Leistung, ablenkender Unterhaltung oder Sucht taugt nicht. Genau genommen steht ein so gestaltetes Leben im Zeichen von Überleben, Überreizung und Spaß haben.

Das bedeutet aber, dass der Akzent verkehrt gesetzt wurde, wesentlich verkehrt. Er nimmt den falschen Stellenwert ein. Das heißt nicht, dass Leistung, Lust und Unterhaltung falsch sind. Wir müssen uns ja im täglichen Leben behaupten und unsere Sinne brauchen Nahrung. Aber mit Maß.

Es geht doch darum, das wirkliche, wesentliche Leben zu führen, das innere Leben. Wer die Erfahrung macht und vom „Fünklein" berührt wird, fühlt sich geführt, weiß sich auf dem Weg und erfährt Momente des Glücks und der Zufriedenheit.

Es geht in unserem Mühen darum, zum Kern vorzustoßen und zu entdecken, was in uns ist. Wir werden eine Oase in uns entdecken, in der uns Licht und Liebe geschenkt werden – mitten in der bedrohten Welt. Diese Erfahrung führt zu lebendiger verantwortlicher Mitmenschlichkeit.

Das Wozu ist jetzt nicht mehr wichtig. Die Oase ist da, und in seiner Unergründlichkeit ist das genug. Die Meditation hilft, diesen inneren Weg zu entdecken, den Lebensweg, der uns zum wesentlichen Leben führt und es gelingen lässt.

Leider haben viele Menschen diese Chancen nicht oder sehen sie nicht. Vielmehr leben sie auf Kosten anderer, oft im Übermaß.

So aber geht der Mensch am Sinn und der Bestimmung seines Lebens vorbei, so oder so.

Vortrag vom 10. April 1997

Heute werde ich besonders zwei Zitate von Paul Tillich und Eugen Drewermann in den Vordergrund stellen.

Das vorige Mal sagte ich, dass wir meistens damit beschäftigt sind, unser leeres Leben zu füllen. In diesem Zusammenhang zitiere ich ein Wort von Paul Tillich, dem berühmten amerikanisch-protestantischen Theologen:

„Unser tägliches Leben in Beruf, Familie, mit Auto- und Flugreisen, bei Gesellschaften und Konferenzen, beim Lesen von Unterhaltungsblättern und Reklamen, beim Fernsehen und Radio, ist ein einziges Beispiel für ein Leben ohne Dimension und Tiefe, für ein Leben, das vergeht, indem es jeden einzelnen Augenblick mit etwas ausfüllt, das getan, gesagt, gesehen oder geplant werden muss. Aber der Mensch kann nicht erfahren was Tiefe ist, ohne stille zu stehen und sich auf sich selbst zu besinnen. .... Solange die Sorge um das Vergängliche (wie wichtig und interessant es ... auch sein mag) nicht zurücktritt, kann die Sorge um das Ewige nicht Besitz von ihm ergreifen." (54)

Etwas, ein Fünklein vom ewigen Leben lebt in uns. Aber es ist verhüllt, lebt in der Tiefe, sagen sowohl Tillich als auch Drewermann:

„In jedem Menschen steckt in der Tiefe die Sehnsucht nach dem Absoluten, nach unbedingter Hingabe, nach Liebe. Für mich ist diese Sehnsucht identisch mit ... Erfahrungen der Religiösität. Die Mystik ist die Grundlage der Religion, aber auch das Ende der institutionellen Religion." (55)

Was behindert, was blockiert den Zugang zu dieser Wirklichkeit, wonach wir uns doch so tief sehnen? Kurz und kernig: unser Ich-behauptungstrieb in seinen verschiedenen Formen; dem Streben nach Lust, Macht, Besitz – und der Angst vor dem Risiko. Das Streben und die Haftung am vermeintlich Erreichten kann so stark sein, dass es sich sogar dort manifestiert, wo wir am ehesten vertraut mit uns umgehen könnten: im religiösen Bereich.

Die meisten Menschen ergreifen die Religion wie ein Ertrinkender die Rettungsleine. Er klammert sich daran, sie ist die Wahrheit. Ohne die Leine oder hinter der Leine öffnet sich plötzlich ein Abgrund. Aber manchmal gelangen die Menschen mit Hilfe der Leine an Land. Dann lassen sie ganz beruhigt die Leine los, da sie jetzt festen Boden unter den Füßen haben. Das aber macht die wahre Religion aus: Es ist die Hand Gottes die uns hält, und nicht die Leine, an die wir uns klammern. Die Leine, die Religion, ist nichts anderes als ein Werkzeug, ein Mittel, ein Weg. Die wahre Religion ist nichts anderes als ein tiefes Vertrauen, wofür wir keine Worte mehr finden.

(Der Atheismus nimmt die Leine weg und fragt: Wie lange willst Du noch den Schiffbrüchigen spielen?)

Buddha hat es sehr schön gesagt: „Die Religion, meine Lehre, ist nichts als ein Boot, womit man über den Fluss kommt. Ist man am Ufer angekommen, fällt niemanden ein, sich das Boot auf den Kopf zu stellen, um es mitzunehmen: man lässt es liegen und geht frei." (56)

„Mystiker wissen, dass eine Lehre erst etwas taugt, wenn sie aus innerer Erfahrung kommt. .... Jeder Mensch hat .... seinen eigenen Ton; wenn er ihn findet, realisiert sich das, was man Mystik nennt. Die meiste Zeit verkennt man es, weil seine Ohren mit fremden Melodien voll sind. Aber den Ton zu finden und die Symphonie dazu zu komponieren, das ist Mystik. Sich zu finden, das ist Mystik; denn nur im reflektierten Du erkennst Du Gott." (57)

Dieses Zitat braucht keinen Kommentar.

Es ist evident, was der Ton in unserem tiefsten Kern, unserem Selbst, unserem wesentlichen Ich eröffnen kann.

Wir müssen uns einsetzen, die Erfahrung dazu zu ermöglichen. Dazu müssen wir uns entleeren, uns lösen von den einklammernden Ichhaftungen.

Dabei - ich wiederhole - kann die Meditation uns helfen und den Weg frei machen. Meditation besteht für die Hälfte aus dem Prozess (der Übung) des Loslassens.

Vortrag vom 5. Juni 1997

Ein Stichwort dieser Tage ist, "es wieder im Griff haben wollen."
Ein vielsagendes Zeichen.

Natürlich: Zum Überleben ist es nötig, seine (Ego-)Kräfte einzusetzen - und es ist auch natürlich, dass, wenn es damit nicht so gut klappt, sich Gedanken zu machen, „damit man alles wieder in den Griff bekommt."

So ist es oft auch mit unserem individuellen Leben. Die Frage ist, ob das alles stimmt, ob es genug, ja, richtig ist, wenn man fast einseitig alle Hoffnung und alle Versuche, alles wieder in Ordnung zu bekommen, auf die vom Ego stammenden Kräfte stellt. Und damit meine ich sowohl technische als auch psychische Kräfte.

Es ist z. B. vielsagend, dass in Holland, England, Frankreich deutliche kritische Bewegungen in Gang gekommen sind gegen einen rigorosen Kapitalismus, den Inbegriff des äußeren "Im Griff haben-wollen".

Aber ich möchte auf noch etwas anderes hinweisen. Schauen wir etwas tiefer, dann können wir wahrnehmen, dass geistig auch etwas, ja vieles, los ist: Ein großes Unbehagen, ja manchmal Angst, die man zu dämpfen versucht durch oberflächliches Unterhalten, aber auch durch fundamentalistisch-orientierte Aktivitäten.

Es ist die Angst vor dem Chaos, vor dem Nichts, der Vernichtung und vor dem Gefühl, umsonst zu leben.

Es ist im Tiefsten die existentielle Angst vor der Sinnlosigkeit. Es ist letzten Endes die Angst vor der Hingabe, von sich ganz loszulassen. Wenn der heutige Mensch diese Angst nicht überwindet und nur auf das „sich wieder in Griff bekommen" hofft, dann wird die untergründig-schleichende Angst früher oder später doch wieder durchbrechen, zuschlagen, und es wird gerade das geschehen, wovor man flüchten wollte.

In jedem Menschen lebt ein geistiges Fünklein, wie Meister Eckehart es sagt, und in jedem lebt das Verlangen, dieses Fünklein zu entzünden. Aber das ist nur möglich, wenn er sich einsetzt, dieses Flämmchen brennen zu lassen. Dazu braucht es mehr als das „Im Griff zu haben". Dazu braucht es, das Leben an sich zu erleben. Und das ist wesentlich nur möglich, wenn er sich wesentlich als sich nicht im Griff habendes Geschöpf erfährt, wenn er sich hingibt. Im Tiefsten ist die Krise, in der wir stecken, eine Krise der Hingabe. Man kann auch sagen, eine Krise des Ego, des Egoismus. Und nur, wenn man sein Ich loslässt, kann man freikommen.

Wer den Sprung ins gefürchtete Dunkel - vielleicht notgedrungen - wagt, hat die Chance, die Wirklichkeit des Lebens an sich und auch sein eigenes Leben plötzlich in einem anderen Licht zu sehen und zu erfahren. Das Licht des Schönen, des Guten, der Liebe durch alles Elend hindurch. Und er weiß: dies ist mehr als die Wirklichkeit des Überlebens: Dies ist das wahre Leben.

Dann kann sich die Wandlung vollziehen, die Umkehrung und das sich im Griff haben. Das im Dienst der Hingebe steht. Oft, sehr oft, kann man erst dann wirklich zu sich kommen, wenn der Mensch seine Wesens-Ohnmacht erlebt durch Leid und Scheitern. Aber auch die richtige Übung der Meditation (in der das Loslassen ja ganz zentral ist) kann eine hilfreiche Brücke schlagen. Sie gehört zu einer „Spiritualität von unten."(58)

Letzten Endes geht es nicht um ein bloßes Überleben, sondern um das Leben-an-sich, das Leben-als-solches, das Leben selber zu erleben.

Ich möchte mit einer schönen Meditationsformel Graf Dürckheims abschließen:

„sich hergeben
sich hingeben
sich aufgeben
sich (neu) wiederfinden" (59)

Vortrag vom 19. Juni 1997

In dieser letzten Einführung (vor der Sommerpause) werde ich sicher einiges wiederholen. Ich fühle mich dabei in guter Gesellschaft, denn ich erinnere mich daran, dass Graf Dürckheim einmal seine Einführung mit den Worten begann: „Eigentlich sage ich immer dasselbe."

Nicht anders ist es bei mir. Und doch, so ist meine Erfahrung, ist dasselbe (jedenfalls für mich) nie dasselbe. Immer ist das, was ich sage, ein neuer Beginn (jedenfalls für mich). Vielleicht war ich innerlich ein Schrittchen weiter gekommen oder auch nicht.

Aber immer wieder brauche ich Ermutigung, um das nächste Schrittchen zu setzen. Dabei brauche ich meine tägliche Meditationsübung, (je mehr, wenn ich mich schwach fühle), worüber ich heute etwas mehr sagen möchte.

Die tägliche Übung soll zum Teil eine ehrliche Auseinandersetzung mit meinem täglichen Tun und Lassen, also mit mir selbst sein. Besonders so mit mir selbst, wie ich mich jetzt fühle, was jetzt in mir umgeht, was ich denke, wie ich mich verhalten habe, wo ich fehlte, was ich vorhabe.

In der Stille tauchen manchmal aus der Tiefe verborgene alte Gefühle auf, auch Angstgefühle, aber auch Erinnerungen an glückliche, gute Erfahrungen.

Es ist wichtig, all dies ohne Verdrängung zuzulassen und ohne Kommentar zu ertragen.

Nicht selten tut das weh, ja leiden wir darunter. Aber eben das ist wichtig: Unsere dunkle, unsere Schattenseite vergegenwärtigen und sie neu erlebend anerkennen, anerkennen, dass wir unvollkommen sind. Und dass wir oft wiederholt dieselben Fehler machen, trotz unserer allerbesten Absichten und Vorhaben; kurz, dass wir schwach sind.

Das ist, glaube ich, die eine Seite der Übung: die Übung des innerlichen Leerwerdens.

Ganz still werden und lauschend warten, was jetzt in mir - getragen und geführt vom Atemrhythmus - mit mir geschieht.

Nicht selten erfährt man dann ein innerliches Warm - und Weitwerden, Weit-sein.

Neue, erneuernde Kraft strömt uns zu. Diese Kraft leuchtet und hat eine liebende Ladung. Manchmal blitzt ein Wort, ein Bild, eine Einsicht, oder – seltener – man wird berührt vom Transzendenten, angesprochen.

Die dritte Stufe: Behutsam „kehren wir zurück" zum täglichen Leben. Der Alltag ist derselbe geblieben, wir sind ein wenig anders geworden.

Durch die tägliche Übung erfahren, erleben wir, werden wir uns unserer wesenhaften Ohnmacht bewusst. Wir erfahren aber auch – befreiend - wenigstens einen Hauch unseres wahrhaften, wesentlichen Wesens, eingekapselt in einem Bündel zäher Egokräfte. Vielleicht fällt uns einmal, plötzlich, unerwartet, die erleuchtende Gnade der göttlichen Berührung zu.

Es ist kein leichter Weg, weil er fast immer quer durch Leid und Scheitern hindurch geht. – Das wussten die großen religiösen Stifter auch. Es ist nicht ohne Grund, dass sowohl beim Christentum als auch beim Buddhismus das Leid zentral steht. Das sehen wir bei dem jungen Prinzen Gautama Buddha, der hermetisch abgeriegelt von der Welt des Leidens lebt. In einem unbewachten Moment wird er frontal konfrontiert mit einem kranken, armen, altersschwachen, toten Menschen.

Und Jesus stellt sich unumwunden ganz und bedingungslos an die Seite der leidenden Menschen, der Sünder und Schwachen (nicht an die Seite der Pharisäer). Auch er zog in die Welt, um Licht zu bringen und seine merkwürdige frohe Botschaft der Befreiung vorzuleben und zu verkündigen. Jesus tat es auf Grund seiner inneren Erfahrung und für uns, damit wir ihm nachfolgen. Wozu diese befreiende Erfahrung führen kann, können wir nachlesen und wahrnehmen bei Paulus. (60)

Vortrag vom 2. Oktober 1997

Wir hegen die Neigung, nach außen zu leben. Aus verständlichen Gründen der Selbstbehauptung. Oft, zu oft, steht das Leben dann im Zeichen von Leistung – und diese wieder in der Macht des Ich. Besonders ist das so in unserer westlichen Welt.

Allmählich merken wir, dass eine solch einseitige Lebensrichtung, Lebensweise in eine Sackgasse führen muss – und dass sie das Leben letztendlich sinnlos, leer und unglücklich macht, nicht nur für selbst

Betroffene. Äußere Kennzeichen und Folgen daraus sind u.a. Arbeitslosigkeit – Kriminalität – Flucht in Drogen – die hohe Zahl geschiedener Ehen und ökologische Katastrophen. Das Konkurrenzdenken in der Marktwirtschaft ist ebenfalls eine zentrale Mitursache.

Offensichtlich (aber für noch viel zu wenige) ist dies der falsche Lebensweg. Der richtige führt in die Tiefe, führt in eine Richtung, in der das Außen im Dienste steht des Inneren. Aber sehr, sehr oft wird man erst bereit, sich nach innen zu wenden, nachdem man nach außen gescheitert ist und sich seiner Ohnmacht, seiner wesentlichen Ohnmacht, bewusst wird. Hier geht es um den Mut des demütigen Bewusstseins. Die Meditation kann uns dabei helfen. Fast alle Meditierenden, die die Übung der Einkehr-nach-innen ernst nehmen, haben auf eine bestimmte Weise, mehr oder weniger stark, das Misslingen oder drohende Scheitern bitter erlebt - und sind Suchende geworden. Das stimmt für viele Aspekte, jeder auf seine eigene Weise. Dabei erfahren oder ahnen sie - mit Fallen und wieder Aufstehen -, dass es um eine Umkehr geht, ja, dass sie lernen müssen, auf eine gegensätzliche Weise zu leben. Es geht um ein sich-loslassen, um das Sein, nicht das Haben. Das Leben ist ein Lernprozess, oft ein bitterer Prozess.

Aber: So einfach und simpel auch unsere Schweigemeditation von außen aussieht, sie ist im Wesen alles andere als simpel, weil wir geistig und physisch, im Denken, Fühlen und in unseren Gewohnheiten im Äußeren verhaftet sind. Auf diesem Weg des Loslassens erfahren wir manche Rückschläge. Dazu: Wir sind wesentlich nicht imstande, die Umkehr zu machen, sondern nur sie vorzubereiten.

Ich möchte diese Betrachtung jetzt mit diesem Spruch beenden:

„Fange nie an aufzuhören.
Höre nie auf anzufangen."
„Es ist Gott sei Dank kein Weg ohne Hoffnung –
der Suchende wird geführt werden."

Vortrag vom 16. Oktober 1997

In dieser letzten Runde (bis Ende dieses Jahres) möchte ich noch einmal versuchen die Bedeutung der meditativen Übung zu skizzieren.

Unvermeidlich werde ich dabei zu Wiederholungen kommen. Und vielleicht wird das für einige langweilig.

Meine eigene Erfahrung aber ist, dass ich nicht oft genug wieder beim Beginn beginnen möchte.

Die Übung selbst könnte durch ihre Wiederholung und sogenannte Eintönigkeit monoton scheinen und langweilig – und eine Weile tut sie das auch.

Die Wiederholung hat aber einen tiefen Sinn. Wer viele, viele Male dieselbe Übung vollzieht, richtig vollzieht, erfährt, dass sie sich sozusagen von selbst vollzieht – ohne angestrengte Willenskraft. Ja, dass man davon losgekommen ist - und das ist eine tiefe Erfahrung. Diese Erfahrung ist der Boden, auf dem die Spiritualität wachsen und sich entfalten kann.

Um welche Übung geht es hier?

Es geht um das Folgen unserer Atmung. Es geht darum, zu lernen, dass die Atmung sich von selbst vollziehen kann ohne eine bewusste Willensleistung und ein Machen.

Wenn wir richtig sitzen – mit aufgerichtetem Rücken, das Kinn leicht zur Brust hin lassend, die Augen halb oder ganz geschlossen, ohne Bewegung – dann ist dies eine richtige und wichtige Voraussetzung für die Übung des Sich-atmen-lassens, für das wache Folgen des Atems und des entspannten Ein – und Ausatmens.

Wir haben in uns einen Wahrnehmungskern, der durch ein volles Dabei sein und Dabei bleiben die Atmung wahrnimmt, wie sie sich immer mehr aus unserem Bauchbereich, unserer Mitte vollzieht und füllt, ja, sich aus eigener Kraft vollzieht. Die frühere, oft unbewusste kopflastige Willens- und Leistungstriebkraft lässt nach bis hin zum Loslassen. Wir erfahren uns immer weiter, immer freier, immer stiller.

Warum diese Besinnung auf die Atmung?

Weil diese Atmungsweise das Fahrzeug sein kann zu dem Um-

kehrweg, von dem ich oft gesprochen habe.
Es ist sicher kein leichter Weg.
Es ist auch ein einsamer Weg.
Ablenkungen und Irrwege, Rückfälle in Ungeduld und alte Atemmuster sind auszuhalten.
Aber wer treu durchhält, der wird seinen innewohnenden Lebenskompass finden und die Erfahrung machen, gefunden zu werden.
Diesen Weg können wir nur via des Lernprozesses der Wiederholung lernen.
Warum also die Übung der Atmung?
Weil sie Fahrzeug sein kann auf dem Lebensweg der Wesentlichkeit des Daseins.
Der Atem schafft die Möglichkeit, die Chance:

- des Loslassens vom Leisten, vom Machen.
- den Raum der Leere, um darin vom Wesentlichen berührt zu werden.

Weil die Atmung das Vermögen besitzt, um – sozusagen – sich von selbst zu vollziehen.
Weil sie uns geschenkt wurde und uns zum Herz des bestehenden Daseins führt.
Weil sie uns von diesem Kern her umkehren und erfahren lässt, was lebendiges Leben in uns und unserem Selbst ist.
Weil wir, wenn wir diese Umkehr erleben, weiter und ohne unstetes Fragen und weiteres Suchen nach dem Sinn und der Bedeutung des Lebens, unseres Lebens „wissen und leben können". Wir können den Kern unseres eigenen Lebens erfahren.

Vortrag vom 6. November 1997

Ich beginne mit einem Wort von Viktor Frankl:
„Es kommt nicht darauf an, was wir vom Leben zu erwarten haben, sondern darauf, was das Leben von uns erwartet." (62)
Bei der vorhergehenden Einführung habt ihr sicher bemerkt, dass ich die Übung der Atmung noch einmal unterstrichen habe.

Für die meisten von euch war das nichts Neues. Auch früher betonte ich die Bedeutung der Atmung, das Folgen des Atems, wiederholt.
Aus welchem Grund wohl?
Darüber möchte ich heute einiges sagen:
Die Atmung kann, nach meiner Erfahrung und Überzeugung als Fahrzeug auf unserem Weg des Lebens zu der Wesentlichkeit, zu dem Kern des Daseins, dienen.
Und darum geht es doch.
Die Atmung erschließt die Möglichkeit, gibt die Chance des Loslassens vom übertriebenen Leistungsdruck und Kraft, die vielfachen Haftungen zu überwinden. Sie macht uns innerlich frei, leer und öffnet den Raum für eine Berührung vom Transzendenten, d.h. zu der Erfahrung des wesentlichen Dasein unseres Selbst.

Diese Erfahrung können wir nicht machen und nicht leisten. Wir können sie nur vorbereiten. Zu dieser Vorbereitung gehört die meditative Übung des „Sich ein- und ausatmen lassen". Das ist ein Vermögen, das uns geschenkt ist – aber das sich nicht ohne weiteres vollzieht. Zum ersten ist da das übliche, oberflächliche alltägliche Atmen – und zweitens: Es gibt zuvor keine Garantie, dass das, was wir uns wünschen, auch geschieht. Dieses Vermögen muss freigesetzt werden – dies soll nicht unbewusst gehen, aber auch nicht durch unseren bewussten Willen und Anstrengung gesteuert werden. Trotzdem soll es in klarem, vollem Bewusstsein geschehen. Vielleicht könnte man diese Art des Bewusstseins vergleichen mit dem eines verliebten Menschen: man ist ganz dabei, ohne zu dirigieren. Man wird von innen, von der Tiefe her geleitet und lässt sich leiten, sich führen.

Aber: Wie wird dieses von innen und aus der Tiefe kommende Atmen freigesetzt? Eben habe ich gesagt: sich führen lassen.
In diesem Zusammenhang passt das Wort FOLGEN. Wir sind ausgestattet mit dem Vermögen uns aktiv konzentriert zu steuern – oder uns gelassen sich wahrnehmend zu folgen. Gelassen: das heißt nicht nur passiv, sondern zugleich wachsam ganz bei mir im inneren Geschehen zu sein und zu bleiben.
Um diesen inneren Vorgang in Gang zu setzen, soll man bereit

sein. Das heißt bereit vom bewussten Willen her. Hier kann man mit dem langsamen Zählen (schweigend leise oder laut) beginnen – und wenn man allmählich darin ist und die innere Schwingung erlebt, die Dürckheim Formel introduzieren, sie sich zu eigen machen und verinnerlichen, bis es sich von selbst atmet.

Es ist nicht leicht, hier vielleicht schon Ratschläge zu geben, die sich mit Störungen beschäftigen. Das nächste Mal werde ich das vielleicht tun und einige Hinweise geben.

Heute möchte ich mich darauf beschränken zu sagen, dass ein Nicht-zwingen der Atmungsbewegung, das Nicht-kommandieren sozusagen ein wesentliches Moment der Übung ist. Das bedeutet umgekehrt nicht ein: lass es laufen. Sondern ein waches Wahrnehmen und Folgen des Atems ist gefragt. Und: Bleibe dabei, auch wenn es nicht leicht fällt.

Vertraue dennoch auf die sich jetzt noch verhüllende Kraft des „Sein-in-dir", die sich offenbaren möchte. Aber: via der sanften Kraft des Folgens und – des immer wieder aufs Neue Beginnens.

Wer einmal die befreiende Erfahrung des Loslassens erlebte, der weiten Stille in sich, weiß, worüber ich spreche. So kurz eine derartige Erfahrung sein mag, sie kann so tiefgründig sein, dass eine andere Einstellung zum Leben in Gang gesetzt wird. – Eine Einstellung, wobei man weiß, dass man näher kommt zu dem Herz des lebendigen Lebens. Ein Schrittchen weiter zu einem erfüllten schöpferischen Leben, auch wenn der Alltag vielleicht nicht so inspirierend sein mag.

Ein Schrittchen auf dem Weg der Wandlung. Schließlich: „Der Weg wächst unter deinen Füßen wie durch ein Wunder." (63)

Vortrag vom 20. November 1997

Nach diesem Abend gibt es noch zwei Treffen im Dezember, bevor ich mich endgültig zurückziehen werde. Nachdem ich nun 10 Jahre unsere Meditationsgruppe in Osnabrück begleitet habe, ist es Zeit, Bilanz zu ziehen.

Ich glaube es ist gut, in der Einführung noch einmal zu versuchen zu sagen, worum es bei der Meditationsübung wirklich und wesentlich geht und von welcher Lebensanschauung ich dabei ausgehe. Dabei werde ich mich auf die Hauptsachen beschränken.

Ein Wort von Dürckheim:
„Du wirst den Weg nicht finden, wenn Du nicht selbst zum Weg wirst." (64)

Die Übung ist von außen her gesehen eine sehr einfache; eine Stilleübung mitten in dem Lärm und der Hektik des Alltags. Sie ist eine regelmäßige, tägliche Übung des geduldigen, achtsamen Folgens der Atembewegung. Nur in dieser Atmosphäre kann das, worum es geht und noch verhüllt ist – in unserem Innersten –, freikommen und lebendig werden.

Das, was sich enthüllen möchte, ist unser eigentlicher Kern, unser Selbst, das ein Sein ist – und uns den Sinn unseres Lebens, unseres Daseins zeigt. Nur darum geht es. Es ist eine numinöse Existenz-Erfahrung, ein „fascinosum et tremendum". Es geht um einen Durchbruch. Die Meditation - das Betreten dieses Weges ist das Ziel – führt uns also auf dem Weg vom Ich zum Selbst.

Wir fangen unser irdisches Leben an mit der „Ver-Werdung", um zu unserer Selbstwerdung kommen zu können. Das Ich brauchen wir biologisch zu unserer Behauptung und zur Entdeckung unserer Talente. Das Selbst kann uns eine Ahnung gewähren von dem Sinn unseres Lebens, das über das Überleben hinausgeht. Ja, das unsere Vergänglichkeit übersteigt. Es ist unsere geistige Seite. Das Ich ist vergänglich, das Selbst wesentlich unvergänglich.

Vortrag vom 4. Dezember 1997

An den Beginn stelle ich ein Wort von Erich Fromm:

„Die Geburt ist nicht ein augenblickliches Ereignis,
sondern ein dauerhafter Vorgang.
Das Ziel des Lebens ist es, ganz geboren zu werden,

zu leben bedeutet, jede Minute geboren zu werden." (65)

Mit einigen Gedanken über das meditative Üben, so wie wir es während der vergangenen 10 Jahre praktiziert haben, möchte ich meine begleitende Arbeit mit Euch beenden. Vieles ist bekannt, aber es ist meines Erachtens doch gut, den Zusammenhang noch einmal zu sehen und zu betonen:

Unser Weg durchs Leben führt, wie er gemeint ist, von der Entfaltung unseres Ich, das sich behaupten will (seines Überlebens also) zum Selbst, unserer spirituellen geistigen, eigentlichen Seite. Das Ich ist vergänglich, das Selbst wesentlich unvergänglich.

Es gibt folglich zweierlei Geburten.

Der Übergang vom ersten zum zweiten Stadium, die sogenannte zweite Geburt, ist meistens eine schwierige Lebensaufgabe, weil besonders der westliche Mensch die starke Neigung hegt, sich ganz selbstverständlich an das angeblich erste, biologische Stadium zu haften.

Ja manchmal entwickelt er eine Habensverfassung. Das Ich ist im Westen stärker entwickelt als im Osten, aber auch oft stärker beschädigt. Das hat insbesondere in Bezug auf das Üben oft weitreichende Folgen, auch z.B. für die Einzelgespräche mit dem Meditationsleiter.

Die Reifung zum Selbst wird nur ermöglicht, wenn wenigstens die Auswüchse des Ich, der Habenseinstellung losgelassen werden. Das bedeutet also eine gegengesetzte innerliche Haltung. Und gerade hier entstehen oft die Schwierigkeiten, die den Wandlungsprozess, die zweite Geburt behindern, sogar verhindern können.

Im Loslassen sind wir nicht geübt, es ist ungewöhnlich für uns. Und wir sollen Dinge lassen, die uns emotional und im Denken festhalten, die uns Halt geben, bzw. uns im Denken fixieren.

Wenn dazu Störungen kommen aus innerem Widerstand und Verdrängungen auftauchen, erfährt man, wie schwierig und oft schmerzlich die zweite Geburt verläuft.

Daher müssen bestimmte Voraussetzungen stimmen, die man auf einen allgemeinen Nenner bringen kann: der Weg nach innen, Einkehr, Meditation üben, alltäglich üben. Innerhalb dieses Rahmens gehören zu unserer Praxis unter anderem eine bestimmte Körperhaltung beim Sitzen, Schweigen, Unbeweglichkeit, feste und ungestörte Einkehrzeiten (25 Minuten), Übungen in einer Gruppe, individuelles Gespräch mit dem Meditationsleiter (hauptsächlich über die erfahrenen Hindernisse). Eine Psychotherapie kann bei immer wiederkehrenden Schwierigkeiten der Widerstände hilfreich sein.

Durch die Erfüllung dieser Voraussetzungen fängt der Loslassungsprozess an. Aber auch der innere Widerstand dagegen und die Fluchtneigung. Es geht darum, dass man jede Haft- und Fluchtneigung in sich selbst ertappt, wahrnimmt und anerkennt - ohne zu urteilen und zu bewerten. Aber genau hier wird es oft schwierig.

Wir brauchen Hilfe, damit sich das Loskommen vollzieht und die Bedingungen zu neuem Sein ermöglicht werden. In unserer Übungsweise haben wir die Hilfe gesucht im richtigen Folgen der Aus- und Einatmung. Und zwar in der Weise, dass das Zentrum, von woher man atmet, sich verschiebt von oben (Kopf) nach unten (Bauch, Hara). Dadurch kann eine entscheidende Erfahrung gemacht werden: „Ich werde geatmet. Es atmet in mir." Durch diese Erfahrung kommt man innerlich frei, d.h. man lässt los. Es entsteht Weite und Raum, man wird klar bewusst „passiv", und bereit zu empfangen, was berührt und führt. Man gelangt zu seinem Grund, ja verwandelt sich Schritt für Schritt zu seinem eigentlichen Sein, dem Da-sein.

Was ich versucht habe, eben anzudeuten, ist in Wirklichkeit nicht so leicht zu verwirklichen. Das hat zu tun mit unseren inneren Widerständen, besonders von unserem unbewussten Ich her. Dieses Unbewusste und unsere Gedanken spielen uns nicht selten auf raffinierte Weise einen Streich und machen uns z.B. vor, dass wir beim Loslassen weiter sind, als wir es tatsächlich sind.

Letztendlich hängen die Hindernisse zusammen mit der Widerwilligkeit, sich hinzugeben. Das ist nicht nur eine Sache des Ungewohnten, sondern dahinter steckt die Angst vor der Vergänglichkeit, vor der Vernichtung. Nicht selten wird die Angst verdrängt und man flüchtet sich in sogenannte Unterhaltung, in reges Tun oder hat eine Aufschubneigung. Oder es entsteht der Wahn, dass man sich vormacht, man kann sowieso weiterleben wie vorher, dass es eigentlich keine Endlichkeit gibt. Zuviel Leistungserfolg kann dieses Sich-vormachen bestärken. Nicht umsonst sagte C.G. Jung einmal: „Der größte Feind ist ein erfolgreiches Leben." (66)

Man braucht eine starke Motivation für die Übung der Meditation. Es gibt keinen Zweifel daran, dass weitaus die Mehrheit der Meditierenden an einer meist emotionalen Wunde leiden, verletzt, ja vielleicht gescheitert sind ein- oder mehrmals in ihrem Leben (ihrer Arbeit, ihrem Privatleben). Hier steckt die Chance einer positiven Bewertung des Scheiterns. Hier liegt die Möglichkeit eines Durchbrechens der eigenen, oft unbewussten Vollkommenheitsvorstellung. Man hat sich an Grenzen verbrannt, man erfährt bestimmte Vollkommenheitsträume als Illusionen. Vielleicht sucht man dann Ruhe in seiner Einkehr - oder darüber hinaus mehr oder weniger bewusst - nach einer anderen Sinnerfüllung seines Lebens. Sicher, man hat gegenüber dem, was die Ich-Seite ausmacht und in seinen Erwartungen eine Niederlage erlitten. Aber gerade dadurch wurde ein anderes Tor in der Seele geöffnet oder leise angelehnt.

Grundlegend ist die Erfahrung der inneren Ohnmacht, vielleicht zunächst in der Leistungswelt, letzten Endes aber im geistlichen Sinne und somit existentiell. Es kommt darauf an, sich in seinem Fehlen bis zu seinem Grund, (und ohne analytisch darauf einzugehen) zu erleben. Es kommt darauf an, seine Wunden schmerzlich zu erleiden, ohne vom Sog der Gefühle überschwemmt zu werden.

Das Einzelgespräch mit dem Meditationsleiter (einer Art Hebamme) hilft, eine innerliche Distanz zu schaffen. Im Zustand der Ohnmacht, Dunkelheit und Verlassenheit kann der Mensch dann vom Sein berührt und erfüllt werden und Licht, Liebe und Leben erfahren. Dann vollzieht sich eine innere Wandlung (die zweite Geburt) und man erlebt die wesentliche Erfüllung, den wahren Sinn seines Lebens: Dass man nicht mehr vom Haben sondern vom Sein gesteuert wird, sein Leben dienend und in Demut in derselben Welt wie vorher lebt; mit Fallen und immer wieder neuem Aufstehen.

„Wer sitzt, der ist bereiter
klare Dinge hervorzubringen
als wer geht oder steht.
Sitzen bedeutet Ruhe.
Darum soll der Mensch sitzen,
das ist: in Demut sich niederbeugend
unter alle Geschöpfe;
dann kommt er in einen stillen Frieden.
Den Frieden erlangt er in einem Licht.
Das Licht wird ihm gegeben in einer Stille
darin er sitzt und wohnt." (67)

Danksagung des Herausgebers

Großer Dank geht an die Lebens- und Weggefährtin von Hans Ringrose, Monika Becker, die die Texte von Hans zur Verfügung gestellt hat und mit großem Aufwand alle Zitate nachträglich für eine Veröffentlichung recherchiert hat. Leider war es ihr nicht möglich, auch die Seitenzahlen nachträglich ausfindig zu machen. Sie hat auf Grund der unvollständigen Deutschkenntnisse von Hans viele kleine sprachliche Korrekturen am Text vorgenommen.

Bedanken möchte ich mich auch bei meiner Frau Kim Susann Lühmann, die den fertigen Satz noch einmal Korrektur gelesen hat. So konnten viele kleine Fehler hoffentlich weitestgehend ausgemerzt werden, die druch das Einscannen der Textvorlagen (mit Hilfe von Texterkennungsprogrammen) und die Übertragung in unterschiedliche Dateiformate entstanden waren.

Wie schon bei meinen eigenen Büchern, geht auch diesmal mein Dank an Andreas Seebeck, der als engagierter Verlagsleiter von Lotus-Press die Herausgabe dieses Buches möglich gemacht hat.

Vita Klemens J.P. Speer

Klemens Speer, geb. 1949, ist Zen-Lehrer (in der Tradition von Willigis Jäger), Qigong-Lehrer (Netzwerk) und T'ai Chi-Lehrer und –Ausbilder (DDQT). Er unterrichtet seit 1989 sitzende und bewegte Meditation (Zen und T'ai Chi) und bildet seit 1997 T'ai Chi-Kursleiter und –Lehrer aus. Hans Ringrose war in den Jahren 1994 bis 1997 sein Zen-Lehrer und Mentor. Klemens Speer hat ein Buch über seine eigene Nahtod-Erfahrung geschrieben. Zudem sind von ihm seit 1994 mehrere Bücher zu Zen, Taijiquan, Qigong und Spiritualität erschienen. Er ist Dipl. Betriebswirt und Dipl. Ingenieur, ist verheiratet und lebt in Osnabrück. Kontakt zum Herausgeber: www.zen21.de und www.ost-west-spirit.de

Vita Monika Becker

Monika Becker, 1944 im Rheinland geboren und aufgewachsen, hat nach ihrem Studium der Sozialpädagogik in der pädagogischen Beratung, Begleitung und Fortbildung von Erzieherinnen gearbeitet.

Nach einer langjährigen Zugehörigkeit zur Ordensgemeinschaft der Servitinnen ergab sich ein neues Arbeitsfeld bei Missio Aachen im Bereich der Information, Evangelisierung und Bildung. Bei ihren Reisen nach Afrika und Südostasien begegnete sie anderen Kulturen und Religionen, die ihr eine neue offene Sicht auf andere Traditionen, Glaubenswege und Erfahrungen mit einer tiefen Spiritualität eröffneten.

Erste Meditationskurse besuchte sie bei Karlfried Graf Dürckheim, Pater Lassalle SJ und Pater Massa. Dort begegnete sie auch Hans Ringrose. Seit einigen Jahren übt sie die kontemplative Meditation.

Seit 1992 arbeitete Monika Becker als katholische Seelsorgerin im Klinikum Osnabrück. Die Meditation und ihren Glauben erlebte sie als Kraftquelle in der Begleitung von kranken und sterbenden Menschen und ihren Angehörigen und ihren Aufgaben in der Notfallseelsorge und Trauerbegleitung.

Monika Becker lebt in Osnabrück.

Zitatennachweis

Teil I Die Ochsenbilder

1. Hammarskjöld, Dag, Zeichen am Weg, (vier Zeilen) München 1965
2. Theologe aus Schottland, Sing mir das Lied dieser Erde, 1978
3. Merton, Thomas, The inner experience-Notes on Contemplation, New York
4. Tschunang-Tse, Reden und Gleichnisse des Tschuang-Tse, München 1951
5. Merton, Thomas, The inner experience-Notes on Contemplation, New York
6. Ohtsu, Daizohkutsu Rekidoh, der ochs und sein hirte, Pfullingen 1958
7. ebd. Die Texte wurden einer alten Zen-Sammlung entnommen. Der hochbetagte japanische Zen Meister D.R. Ohtsu hat diese ursprünglich altchinesischen Texte erläutert und mit Lobgedichten ergänzt.
8. ebd.
9. ebd.
10. Morgenstern, Christian, Wir fanden einen Pfad, München 1925
11. Domin, Hilde, Gesammelte Gedichte, München 1987
12. Ohtsu, Daizohkutsu Rekidoh, der ochs und sein hirte, Pfullingen 1958
13. ebd.
14. ebd.
15. ebd.
16. ebd.
17. ebd.
18. ebd.
19. ebd.
20. Von Bode, Wilhelm, Die italienische Plastik, Berlin 1922
21. Lech, Bruno, (Literaturnachweis nicht gefunden)

22. Meister Eckehart, Mystische Schriften, Berlin 1903
23. Ohtsu, Daizohkutsu Rekidoh, der ochs und sein hirte, Pfullingen 1958
24. ebd.
25. ebd.
26. ebd.
27. ebd.
28. ebd.
29. ebd.
30. ebd.
31. Meister Eckehart, Mystische Schriften, Berlin 1903
32. Merton, Thomas, Alles, was ein Mensch sucht, Freiburg, Basel, Wien 1982
33. Meister Eckehart, Mystische Schriften, Berlin 1903
34. Thich Nhat Hanh, Das Wunder der Achtsamkeit, Zürich/München 1975
35. Neues Testament, Offenbarung 21,5
36. Morgenstern, Christian, Wir fanden einen Pfad, München 1925
37. Graf Dürckheim, Karlfried, Vom doppelten Ursprung des Menschen, München 1991

Teil II Franziskus und sein Sonnengesang

1. Ricoeur, Paul, Möglichkeiten und Grenzen einer Theologie der Religionen, Berlin 1979
2. Hesse, Hermann, Zeilen aus: Der junge Novize im Kloster, Lyrik-Epik-Prosa, Berlin 1975
3. Theologe aus Schottland, nicht näher bekannt
4. Gehrhardt, Paul, Gotteslob, Stuttgart 2013
5. Friebe, Peter, frei nach dem Sonnengesang des Echnaton
6. Halbfas, Hubertus, Der Sprung in den Brunnen, Ostfildern 1981
7. Bachmann, Ingeborg, Sämtliche Gedichte, München 2004
8. Hornung, Erik, Altägyptische Dichtung, Stuttgart 1996
9. Theologe aus Schottland, nicht näher bekannt

10. Steggink, Otger, Der Sonnengesang des Franziskus, Düsseldorf 1987
11. Koenen SJ, Hans, Vortrag Franz von Assisi, Arnheim 1992
12. ebd.
13. Neues Testament, 1 Kor.1
14. Rohr, Richard, Der nackte Gott, München 1981
15. aus dem Testament des Franziskus, Münster 1949. Das in alten Handschriften mehrfach und gut bezeugte Testament wurde von Franziskus in den letzten Wochen seines Lebens (September/Oktober 1226) einem Mitbruder Sekretär diktiert. Es gibt authentisch Auskunft über viele Fragen seines Lebens und die Entwicklung seines Ordens, vor allem aber über die geistige Gestalt des Heiligen selbst.
16. Nigg, Walter, Die stille Kraft der Legende, Freiburg 1982
17. aus dem Testament des Franziskus
18. Jungclaussen, Emmanuel, Den Fußspuren Christi folgen, Schwarzach 1997
19. ebd.
20. Fioretti Casa Editrice Francescana Assisi
21. Dieses Gebet wird dem heiligen Franziskus zugeschrieben, doch historisch ist das nicht zu belegen. Der Autor gilt als unbekannt
22. Reisesegen aus Irland, Autor unbekannt
23. Sölle, Dorothee, die revolutionäre geduld – gedichte, Berlin 1974
24. Von Celano, Thomas, Leben und Wunder des h. Franziskus, Werl 1988
25. Casaldaliga, Pedro, Tau-Comunicaciones, Nr. 11/1986; für die deutsche Übersetzung: Missionszentrale der Franziskaner, Bonn 1986

Teil III Die Spiritualität des Vincent van Gogh

1. Van Gogh, Vincent, Brieven aan zyn Broeder, Amsterdam 1944
2. ebd

3. Goethe, Johann Wolfgang, Faust, Prolog im Himmel
4. Nizon, Paul, Auswahl aus seinen Briefen Bern 1959
5. Paulus, 2, Kor. 10 Traurig, doch allzeit fröhlich
6. ebd
7. ebd
8. Gerhardt, Paul Gotteslob, Stuttgart 2013
9. ebd
10. Meyer-Graefe, Julius, Roman eines Gottsuchers, TB Hannover 1995
11. Walther, Ingo F. Vision und Wirklichkeit
12. ebd
13. Altes Testament, Kohelet 3, 1 - 11
14. Neues Testament 2 Kor 12, 9.
15. ebd
16. Neues Testament, Mt 13, 1, 23
17. Heidecker, Gabriele, Malen ist manchmal wie säen, Eschbach 1985

Teil IV Einführung in die Meditationsabende

1. Stein, Edith, Jahrbuch, Würzburg 1995
2. Stein, Edith, Endliches und ewiges Sein, Freiburg 2006
3. Hammarskjöld, Dag, Zeichen am Weg, München 1965
4. Altes Testament, 1 Könige 19, 12
5. Bloch, Ernst, Erbschaft dieser Zeit, Frankfurt 1985
6. Neues Testament, Joh 1,5
7. Hammarskjöld, Dag, Zeichen am Weg, München 1965
8. Kuschel, Karl-Josef, Weil wir uns auf dieser Erde nicht ganz zu Hause fühlen, München 1985
9. Stein, Edith, Ökumenisches Heiligenlexikon, Internetprojekt 1998
10. Zink, Jörg, Ich werde gern alt, Stuttgart 1989
11. Zink, Jörg, Wie wir beten können, Stuttgart 1970
12. Altes Testament, Hesekiel 18,9
13. Thich Nhat Hanh, Das Wunder der Achtsamkeit, Zürich/München 1975

14. Meister Eckehart, Predigten und Traktate, München 1963
15. Stein, Edith, Kreuzeswissenschaften, Studien über Joh.vom Kreuz, Freiburg, 4. Aufl. 2015
16. Betz, Otto, Loccumer Brevier, Rehburg-Loccum, 1990
17. Von Avila, Teresa, Ich bin ein Weib und ohnehin kein gutes, Freiburg 1982
18. Atharva-Veda, Endlos ist die Zeit in deinen Händen, Kevelaer 1978
19. Meister Eckehart, Deutsche Predigten und Traktate, München 1963
20. Meister Eckehart, Mystische Schriften, Berlin 1903
21. Graf Dürckheim, Karlfried, Vom doppelten Ursprung des Menschen, München 1991
22. Ohtsu, D.R., Zen Geschichte aus dem alten China, Stuttgart 1958
23. Meister Eckehart, Meister Eckehart und seine Jünger, Berlin 1972
24. Handke, Peter, Schuld und Zeit, Paderborn, 1992
25. Hesse, Hermann, Texte von Hermann Hesse, Berlin 1995
26. Fromm, Erich, Soz. Humanismus und humanistische Ethik, München 1981
27. Meister Eckehart, Heidegger und Eckehart, München/Leipzig 1996
28. Silesius, Angelus, Cherubinischer Wandersmann, Frankfurt 1997
29. Graf Dürckheim, Karlfried, Durchbruch zum Wesen, Bern 1954
30. Graf Dürckheim, Karlfried, Von der Erfahrung der Transzendenz, Freiburg 1984
31. Rahner, Karl, Glaube, erwachsen aus Erfahrung, Münster 2001
32. Augustinus, Aurelius, Bekenntnisse des hl. Augustinus, Leipzig/Ditzingen 1988
33. Hammarskjöld, Dag, Zeichen am Weg, München 1965
34. Augustinus, Aurelius. Bekenntnisse des hl. Augustinus, Leipzig/Ditzingen 1988

35. Luyken, Jan, die Suche nach dem Zitat hat kein Ergebnis gebracht
36. Blaise, Pascal, Das Memorial, Nürnberg 1955
37. Eliot, T.S., Gesammelte Gedichte, Berlin 1988
38. Mahler-Werfel, Alma, Erinnerungen an Gustav Mahler, Frankfurt 1980
39. ebd.
40. Hammarskjöld, Dag, Zeichen am Weg, München 1965
41. Hammarskjöld, Dag, Leben und Profil, München 2. Aufl. 2012
42. ebd.
43. Hammarskjöld, Dag, Eine Bildbiographie, München 1962
44. Bours, Johannes, nach einem Gespräch notiert
45. Mahler-Werfel, Alma, Erinnerungen an Gustav Mahler, Frankfurt 1980
46. Thomasevangelium, Leiden 1967
47. Brecht,Berthold, Geschichten vom Herrn Keumer, Zeit Archiv Hamburg 1997
48. Heldermann, Jan, Die Anapausis im Evangelium veritatis, Leiden 1984
49. Larsson, A., Meister Eckehart der Mystiker, Berlin 1868
50. Graf Dürckheim, Karlfried, Meditieren – wozu und wie, Freiburg 1976
51. Graf Dürckheim, Karlfried, Der Alltag als Übung, Bern 1966
52. Grün, Anselm, Spiritualität von unten, Münsterschwarzach 1994
53. Kierkegaard, Sören, Der Begriff Wahl bei S.Kierkegaard und K. Rahner, Frankfurt 1992
54. Tillich, Paul, Sachwissen Religion Texte, Göttingen 1989
55. Drewermann, Eugen, Näher zu Gott-nah bei den Menschen, München 1996
56. Buddha, In allen Lebenslagen, München 2014
57. Drewermann, Eugen, Näher zu Gott-nah bei den Menschen, München1996
58. Grün, Anselm, Spiritualität von unten, Münsterschwarzach 1994

59. Graf Dürckheim, Karlfried, Meditieren – wozu und wie, Freiburg 1976
60. Paulus, 1 Korinther, 6,12
61. Tullis, Marcus, römischer Philosoph, Politiker und Anwalt, 106-43 v.Chr
62. Frankl, Viktor, ...trotzdem Ja zum Leben sagen, München 1977
63. Schneider, Reinhold, Begegnung und Erkenntnis, Freiburg, 1964
64. Graf Dürckheim, Karlfried, Der Ruf nach dem Meister, München 1975
65. Fromm, Erich, Leben zwischen Haben und Dein, Freiburg 1993
66. Jung, C. G. in Spiritualität von unten, Münsterschwarzach 1994
67. Meister Eckehart, Deutsche Predigten und Traktate, München 1963

Allgemeines Literaturverzeichnis

Beck, Charlotte, Zen im Alltag, Knaur, 1990/1
Graf Dürckheim, Karlfried, Vom doppelten Ursprung des Menschen, Herder, 1973/1
Graf Dürckheim, Karlfried, Sportliche Leistung-Menschliche Reife, N.F. Keitz, Aachen 1986/4
Graf Dürckheim, Karlfried, Meditieren - wozu und wie, Herder 1976/1
Graf Dürckheim, Karlfried, Der Alltag als Übung, H. Huber, 1991/9
Grof, Stanislav, Das Abenteuer der Selbstentdeckung - Heilung durch veränderte Bewusstseinszustände - Ein Leitfaden, Kösel-Verlag, 1987.
Gobry, Ivan, Franz von Assisi, Rororo, Rowohlt 1958
Green, Julien, Franciscus, holl. Übersetzung aus d. Französ. Ambo, Baarn, 1984
Thich Nhat Hanh, Das Wunder der Achtsamkeit, Theseus, 1992/3
Herrigel, Eugen, Zen in der Kunst der Bogenschießens, O.W. Barth
Holl, Adolf, Der letzte Christ, Ullstein, Berlin 1982
Jungclaussen, Emmanuel, Die Fülle erfahren, S. III - 120, Herder, 1978
Kazantzakis, Nikos, Mein Franz von Assisi, Rowohlt, Reinbeck 1981
Koenen, Hans, Einige Vorträge über Franziskus v. Assisi, 1992 (diese Vorträge und auch das Büchlein von Otger Steggink sind besonders inspiriert von Eloi Leclercs Buch)
Lassalle, Hugo M. Enomiya, Zen-Unterweisung, Kösel Verlag 1987
Lassalle, Hugo M. Enomiya, Der Ochs und sein Hirte, Zen-Augenblicke, mit Kommentaren von P. Lassalle, Kösel Verlag, 1990
Meyer, Christian, Aufwachen im 21. Jahrhundert – die größte Herausforderung deines Lebens – Mit einem Vorwort von Willigis Jäger, Verlag Kamphausen Mediengruppe, 2. Auflage 2014.
Meyer, Christian, Ein Kurs in Wahrem Loslassen, Durch das Tor des Fühlens zu inneren Freiheit, Verlagsgruppe Random House,

Arkana, 1. Auflage 2016.
Leclerc, Eloi, Le cantique des creatures ou les symboles de l'union; 1970, Libr. Fayard; die holländische Übersetzung: Symbolen van de Godservaring, Gottmer, Haarlem, 1974. Leider gibt es keine deutsche Übersetzung. Gründliche, tiefgehende Untersuchung des Sonnengesangs.
Nigg, Walter, Große Heilige, Diogenes T. B. 1986, Zürich, S. 33-96.
Ohtsu, D. R., Der Ochs und sein Hirte, Neske-Verlag 1973 (3)
Speer, Klemens J. P., Zen und Kontemplation, Sitzen in Stille als geistiger Übungs- und Lebensweg, Lotus-Press Verlag, 2014.
Shibayama, Z., Zen Oxherding Pictures, mit japanischem u. englischem Text, 1975
Suzuki, D. T., The ten oxherding Pictures, englischer u. japanischer Text, ohne Jahreszahl
Tydeman, Nico, De plaatjes van de os, holländische Kommentare, 1983
Wilber, Ken, Terry Patten, Adam Leonard, Marco Morelli, Integrale Lebenspraxis – Körperliche Gesundheit – Emotionale Balance – Geistige Klarheit – Spirituelles Erwachen, Ein Übungsbuch, Kösel-Verlag, 2010.
Wilber, Ken, Integrale Meditation, O.W. Bath Verlag, 2017.

Auch von Klemens J.P. Speer

Klemens J.P. Speer
Taijiquan und Qigong - Meditation in Bewegung als Übungs- und Lebensweg

Von der Welle getragen - ein Grundlagenbuch für Übende aller Stilrichtungen

Taiji (Taijiquan und Qigong) als Übungsweg führt über Körpertraining und Energiewahrnehmung hinaus zur Erfahrung des Einsseins mit dem Dao. Die Wahrnehmung von Körper, Energie und Geist fallen in dieser Erfahrung der Wirklichkeit in Eins zusammen. Dieses Grundlagenbuch vermittelt auf dem Fundament der daoistischen Tradition ein modernes Verständnis, wie Menschen im 21. Jahrhundert Taiji für ihre eigene Entwicklung nutzen können und gibt Hinweise, wie Taijiquan und Qigong so geübt werden können, das diese Ebene der Allverbundenheit erfahrbar wird und das Leben verwandelt. Wichtige Basisfragen wie die Rolle von Musik, das Energieverständnis, die innere und äußere Erfahrungswelt der Haltungs- und Bewegungsprinzipien beim Üben und deren Wirkungen werden geklärt.

Klemens J.P. Speer
Taijiquan und Qigong - Jeder Schritt im Dao zeigt den Sinn

Dem Lauf des Wassers folgen - ein Fachbuch für Übende aller Stilrichtungen. Taiji (Qigong und Taijiquan) als Lebensweg führt in die tiefe Erfahrung von Verbundenheit von Körper, Energie und Geist, zum Einssein mit dem Dao, zur Wahrnehmung von Allverbundenheit. Ausgehend von den alten daoistischen Traditionen und dem bereits 2014 erschienenen Grundlagenbuch, vermittelt dieses Fachbuch ein modernes Verständnis für Menschen im 21. Jahrhundert. Eine besondere Rolle spielt dabei die Verbindung von bewegter und sitzender Meditation. Die innere Entwicklung des Übenden über verschiedene Entwicklungszustände, Taiji und Kampfkunst, Taiji im Management und Taiji und der Hintergrund des Übens in der westlichen Kultur werden fachkundig vermittelt.

Klemens J.P. Speer
Taijiquan und Qigong: Vom Lernen und Lehren eines Übungs- und Lebenswegs

Von der Quelle zum Meer - ein Fachbuch für Übende aller Stilrichtungen. Qigong und Taijiquan als Übungs- und Lebenswege führen in die tiefe Erfahrung der Einheit von Körper, Geist und Seele, des „Eins sein mit dem Dao". Der Autor zeigt Unterrichtenden und Übenden mit langjährigen Erfahrungen in Qigong und Taijiquan einen klaren Weg auf. Durch die enge Kombination von sitzender und bewegter Meditation in Verbindung mit der Arbeit am Gefühls- und Energiekörper kann das „Eins sein mit dem Dao" schon „jetzt" erfahren werden. Ausgehend von den alten daoistischen Traditionen und einem modernen westlichen Verständnis vom „Erwachen" weist er einen klaren Weg. Zudem werden Zustände der Entwicklung, der Umgang mit Erfahrungen, Qualitätsstandards für Unterrichtende, die Praxis der Übung und Gedanken für die Kooperation von Kursleitern und Lehrern in der Verbandsarbeit vorgestellt und diskutiert.

Klemens J.P. Speer
Zen und Kontemplation - Sitzen in Stille als geistiger Übungs- und Lebensweg

Versunken im Ozean der Stille - für Einsteiger und Übende aller Richtungen, mit einer Einführung von Willigis Jäger

Zen und Kontemplation – zwei Begriffe aus unterschiedlichen Kulturen, die dasselbe meinen: Die Konzentration auf das Innere, eine Art stille Meditation, die Verbindung mit uns selbst, unserem Atem, dem Leben insgesamt. Ziel dieser spirituellen Übungen ist es, die "Allverbundenheit" zu erfahren, sich also mit sich selbst, allen Wesen und auch dem Göttlichen verbunden zu fühlen. Klemens J.P. Speer zeigt hier, wie man auch als Mensch des 21. Jahrhunderts diese uralten Meditationsformen zur persönlichen Entwicklung nutzen kann.

Klemens J.P. Speer
Spiritualität - Die Übungswege als Motor der Entwicklung

Der Entfaltung des Lebens Raum lassen - ein Fachbuch für Übende und Unterrichtende von sitzender und bewegter Meditation

Spiritualität ist zum Modewort geworden, aber was ist darunter zu verstehen? In diesem Buch wird eine neue, weite und weltoffene Perspektive einer evolutionären Spiritualität für das 21. Jahrhundert vorgestellt. Eine Entwicklungsphilosophie der persönlichen und gesellschaftlichen Entfaltung, die alle Menschen mitnehmen kann. Die Erkenntnisse der integralen Bewusstseinsforschung sind das Fundament für eine zeitgemäße Vermittlung von sitzender und bewegter Meditation. Sie können mühelos auf Taijiquan, Qigong, Zen, Kontemplation und Yoga übertragen werden. Dies wird anhand einiger Beispiele aus Taiji und TCM (Traditionelle Chinesiche Medizin) aufgezeigt. Eine wahrhaft evolutionäre und integrale Spiritualität kann so zum Motor für Fortschritt und Entwicklung werden.

Klemens J.P. Speer
**Wie eine Nahtod-Erfahrung mein Leben veränderte -
Vom Tod fürs Leben lernen**

Nahtod-Erfahrungen sind faszinierend und werden inzwischen aus vielen Perspektiven erforscht: medizinisch, neurophysiologisch, psychologisch und in der modernen Bewusstseinsforschung. Auch mystische Traditionen aller Richtungen berichten von ihnen.

Das Buch beschreibt die Kriterien von Nahtod-Erfahrungen (NTE) und die persönliche NTE-Erfahrung des Autors bei einem schweren Unfall. Zudem werden Wege aufgezeigt, wie diese tiefe Erfahrung in den Alltag integriert werden kann.

Auch von Lotus-Press

Joachim Stuhlmacher
Die Medizin des Dao, Band 1: Das Herz der Chinesischen Medizin

Die Chinesische Medizin mit ihrer über 6000 Jahre alten Geschichte hat einen grundlegend anderen Denkansatz als unsere "westliche Medizin". Auch die heute allgemein bekannte "TCM" (Traditionelle Chinesische Medizin) ist das Ergebnis eines Versuches aus den 1950er Jahren, die östliche Medizin an den Westen anzupassen. Thema dieses Buches nun ist die ursprüngliche, klassische chinesische Medizin (KCM), wie sie in der Han-Zeit in China geprägt und gelehrt wurde. Die klassische Art der Behandlung folgte immer der Idee des Eingebunden-Seins in die Natur, den Kosmos, das Dao. Dieser fremdartig anmutende Ansatz ermöglicht oft einen Zugang zur eigenen Genesung und Heilung, der weitaus effektiver als in anderen Medizinrichtungen ist. Im vorliegenden Band ist das Herz, die Essenz dieser alten Medizin in Theorie und Praxis beschrieben.

Joachim Stuhlmacher
Die Medizin des Dao, Band 2: Diagnose, Therapie und Selbsthilfe in der Chinesischen Medizin

Die Chinesische Medizin - umfassend, praktisch anwendbar und anschaulich dargestellt.

Die Chinesische Medizin hat eine mehrere tausend Jahre alte Tradition. Das »Universale Gesetz von Yin und Yang«, die »Fünf Wandlungsphasen« oder das Konzept des »Qi« erwecken auch im Westen zunehmendes Interesse. Neben einer Einführung in die Geschichte und Philosophie werden die Heilkonzepte, Diagnosemethoden und Therapien eingehend beschrieben. Außerdem gibt es viele wertvolle Hinweise zur allgemeinen Lebensführung und zur Gesundheitsvorsorge. Praktische Tipps für einfache Anwendungen laden dazu ein, die Wirksamkeit der Chinesischen Medizin zuhause selbst zu erproben.

Joachim Stuhlmacher
Die Medizin des Dao, Band 3: Die Hausapotheke der Chinesischen Medizin

Die Chinesische Medizin - umfassend, praktisch anwendbar und anschaulich dargestellt. In der Klassischen Chinesischen Medizin wird großer Wert auf Selbsthilfemethoden gelegt, die der Patient eigenverantwortlich ausführen kann. Die Massagetechniken, Atemmethoden, Meditationen und Qigongübungen, die Sie in diesem Buch finden, entstammen den Traditionen berühmter Heiler und Dao-Meister und sind das Ergebnis aus Naturbeobachtung und Lebenserfahrung – weitergegeben über Generationen hinweg. Ein Register der Gesundheitsprobleme und Beschwerden hilft Ihnen dabei, schnell die richtige Übung zur Verbesserung Ihrer Gesundheit zu finden. Nutzen Sie das alte Wissen der Chinesen!

Auf der DVD werden alle Übungen des Buches anschaulich vom Autor erklärt und demonstriert.

Dr. Peter Hubral
Mit Wuwei zum Dao: Mit Philía zum Lógos

Mit Wuwei zum Dao ist ein lang überfälliges Buch, welches einem breiten Publikum die Begriffswelt der daoistischen Sicht des Lebens näher bringt und tiefgreifend erläutert. Es richtet sich an Sinologen, Philosophen, an TCM-Ärzte und Interessierte gleichermaßen und ist insbesondere für all die Praktizierenden des Qigong, des Taijiquan und anderer chinesischer Kampfkünste ein Fundus von unschätzbarem Wert. Dr. Peter Hubral greift in seinen Erläuterungen auf einen großen theoretischen und praktischen Erfahrungsschatz zurück.

Joachim Stuhlmacher
Kraft aus der Stille - Der Universumsstand

Qigonglehrer Joachim Stuhlmacher leitet auf dieser Doppel-CD Variationen der Standmeditation, der grundlegenden Übung des Qigong, an. Wegen ihrer Einfachheit bieten sie viel Raum für innerkörperliche Erfahrungen: Blockaden erspüren, den Fluss des Blutes und des Qi wahrnehmen, den Geist zur Ruhe kommen lassen, sich selbst erfahren. Sowohl Einsteiger als auch Fortgeschrittene finden hier die richtigen Übungen zur konsequenten Verbesserung ihrer Gesundheit.

Tracks CD 1:
 1. Der Universumsstand "Yin" (35:21 Min.)
 2. Der Universumsstand "Yin instr." (35:21 Min.)

Tracks CD 2:
 1. Der Universumsstand "Yang leicht" (21:37 Min.)
 2. Der Universumsstand "Yang" (51:18 Min.)

Weitere Informationen und Bonusmaterial
finden Sie auf unserer Website
www.lotus-press.com

www.ingramcontent.com/pod-product-compliance
Lightning Source LLC
Chambersburg PA
CBHW060507090426
42735CB00011B/2136